商业洞见

# 高端品牌
# 方法论

姚吉庆
段传敏
著

METHODS
FOR BUILDING
EXCELLENT
BRANDS

经济日报出版社
北京

图书在版编目（CIP）数据

高端品牌方法论 / 姚吉庆，段传敏著 . -- 北京：经济日报出版社，2024.9. -- ISBN 978-7-5196-1503-1

Ⅰ．F273.2

中国国家版本馆 CIP 数据核字第 2024Q14A55 号

## 高端品牌方法论
GAODUAN PINPAI FANGFALUN

| | | |
|---|---|---|
| 姚吉庆 | 段传敏 | 著 |
| 出　　版： | 经济日报出版社 | |
| 地　　址： | 北京市西城区白纸坊东街 2 号院 6 号楼 710（邮编 100054） | |
| 经　　销： | 全国新华书店 | |
| 印　　刷： | 天津裕同印刷有限公司 | |
| 开　　本： | 880mm×1230mm　1/32 | |
| 印　　张： | 8.125 | |
| 字　　数： | 150 千字 | |
| 版　　次： | 2024 年 9 月第 1 版 | |
| 印　　次： | 2024 年 9 月第 1 次 | |
| 定　　价： | 98.00 元 | |

本社网址：edpbook.com.cn，微信公众号：经济日报出版社

未经许可，不得以任何方式复制或抄袭本书的部分或全部内容，**版权所有，侵权必究。**

本社法律顾问：北京天驰君泰律师事务所，张杰律师　举报信箱：zhangjie@tiantailaw.com

举报电话：010-63567684

本书如有印装质量问题，请与本社总编室联系，联系电话：010-63567684

# RECOMMENDATION 推荐语

姚吉庆深谙高端品牌打造的精髓，他的这本书更着重于实践。作者通过自身打磨品牌的成功经历，让读者能够在避免常见陷阱的同时，更快速地建立自己的高端品牌。无论是品牌定位、营销策略还是数字化建设，这本书都提供了丰富的案例和实用的建议，启发读者在竞争激烈的市场中寻得自己的蓝海。如果你渴望打造一个高端品牌，这本书不容错过。

——何伯权　著名企业家、投资家

品牌是一条运河，一开始就是百年大计。品牌是一种公信力，需要持之以恒地积累，公信力一经形成，号召力将非同一般。品牌是一种生生不息的创新能力，它是品牌活的灵魂。姚吉庆先生在品牌领域深耕多年，有着丰富的实操经验和卓越的创新能力，相信大家读完本书后一定会有所启发。

——王志纲　著名战略咨询专家、智纲智库创始人

高端品牌方法论是从一个职业 CEO 的视角，对品牌运营实战进行的提炼和萃取，是姚吉庆 30 年跨界操盘不同行业，成就高

端头部品牌的成功实践。既与巨人同行，汲取了世界优秀的战略、品牌、流程、数字化咨询公司的营养，又有充分的中国市场实践，是西方先进管理理论的中国化，与著名战略营销观察家段传敏的合作更令本书具有一定的理论高度。高端品牌方法论是打造高端品牌的七星剑法，希望在更多企业中应用推广，成就更多细分领域的中国高端头部品牌。

——江南春　著名企业家、分众传媒董事长

打造能穿越周期、跨越年代的高端品牌是中国无数创业者和企业家的梦想。"性价比"的固有思维让很多中国品牌长期处于"内卷"状态。高端品牌恰恰需要从"性价比"思维改为"价性比"思维。敢于定价，并通过产品和服务的综合提升来支持高端定价。姚吉庆先生先后在欧派、慕思等多个高端品牌塑造实践中获得成功，用实战经验总结了"高端品牌的七项修炼"，指出高端品牌不是靠局部的"长板"，而是没有"短板"的均衡发展，七项修炼可以帮助企业找到短板，并提升企业在实战中应对挑战的能力。

——卫哲　著名投资家、嘉御资本创始人

打造高端品牌需要七项修炼。姚吉庆先生是非常优秀的品牌专家，有丰富的实战经验，成功帮助慕思等高端品牌成长。新书值得期待。

——任泽平　著名经济学家

# AUTHOR INTRODUCTION  **作者简介**

**慕思集团副董事长　姚吉庆**

　　姚吉庆，现任慕思集团副董事长，慕思投资控股（天津）有限公司执行董事兼总裁。姚吉庆先生曾任华帝集团总经理，推动华帝燃具连续五年保持中国销量第一；2002年创立威莱数码（中山）有限公司，担任公司执行董事兼CEO，带领公司两年内进入中国专业音响品牌前三名；曾任奥克斯空调有限公司总经理，成功推动了品牌战略转型和品牌价值快速增长；

2008—2011年任欧派家居集团有限公司营销总裁，四年内实现了欧派从中国橱柜第一品牌到中国家居第一品牌的飞跃；2012年至今在慕思健康睡眠股份有限公司任职，历任总裁、副董事长，助力慕思于2022年在深交所主板成功上市，上市当天慕思市值突破200亿元，成为健康睡眠第一股。

姚吉庆所获荣誉包括中国十大品牌专家、中国品牌（行业）十大榜样人物、中国家居产业行业年度人物、中国好睡眠暨全球金子午奖年度领军人物等。同时，他还是中国传媒大学客座教授、东莞十大经济人物、中国冠军品牌联盟创始人、1号联盟首届轮值主席。2014年，他的品牌营销管理专著《赢家》正式出版。

**财经作家、高端品牌实验室主任　段传敏**

段传敏，战略营销专家，财经作家，高端品牌实验室主任，高端品牌咨询机构首席顾问。

2008年获美国明尼苏达大学卡尔森管理学院高级工商管理硕士。著有《高端品牌是如何炼成的》《定制家居　中国原创》《苏宁：连锁的力量》《尚品宅配凭什么》《企业教练：领导力革命》《颠覆创新》《中国家电巨子访谈录》《科龙革命500天》《创模式：23个行业创新案例》《向上攀登》《商业向善　双虎家居32年：1989～2021》等十多部财经管理书籍，参与主编了《华为商业哲学》书系（5卷本）。

段传敏长期致力于研究优质制造企业战略营销管理、品牌建设等，被多家头部企业聘为顾问，兼任央视《大国品牌》栏目顾问，被聘为全国工商联家具装饰业商会特聘专家、"世界品牌500强（榜单）"专家评审委员会委员。

2009年4月23日，冠军联盟在北京人民大会堂宣布成立

在"2013全国睡眠科学技术大会暨中国睡眠大会"上，慕思集团总裁姚吉庆对话世界睡眠大师

2014年6月21日，慕思集团十周年庆典启动"筑梦全球计划"

2015年6月28日，慕思荣誉出品的《筑梦者之李开复：向死而生》纪录片首映礼

2018年8月21日，慕思等泛家居行业领导品牌联合发起成立1号联盟并开展活动

2019年8月3日，慕思全球睡眠文化之旅启动

暨慕思·姚基金公益合作签约仪式

2019年9月15日,科比中国行:NBA篮球明星科比·布莱恩特对话姚吉庆

2019年10月26日,慕思旗舰店落户澳大利亚墨尔本

2020年3月,慕思"好睡眠·提升免疫力"新冠疫情期间的直播照片

2021年4月21日,央视主持人陈伟鸿探访慕思"超级工厂"

2021年7月31日，慕思姚吉庆携手世界冠军谷爱凌打造"冠军探梦计划"

2022年6月23日，慕思股份上市敲钟仪式，慕思董事长王炳坤与副董事长姚吉庆合影

2023年8月8日，北体—慕思运动与健康睡眠研发中心揭牌仪式

2023年10月20日，姚吉庆与经济学家任泽平、战略营销专家段传敏在慕思研学分享大会上

2024年1月24日，姚吉庆荣获"2023中国十大品牌专家"

2024年3月16日，著名战略咨询专家王志纲对话姚吉庆和段传敏

2024年3月20日，慕思集团北京水立方品牌发布会

2024年9月29日，姚吉庆应邀出席全球华人国学盛典，并作"中国式高端品牌战法"主题演讲

PREFACE 序一

## 保持饥饿，勇猛精进

财经作家　吴晓波

人在欧洲，突接老友姚吉庆新书索序商请。

1902年，年轻的爱因斯坦进入瑞士伯尔尼专利局工作，一份平淡无奇的职业。后来他追上了光。

热爱就是他的光。

1927年的索尔维会议上，爱因斯坦与物理学后起之秀玻尔发生了激烈的争论。人们发现，这位追上光的人老了，落后于时代了，变得保守而不是开创了，拒绝物理学上那些"异想天开"的创新。据说玻尔怒气冲冲地对爱因斯坦说："先生，您不知道您现在就像您曾经讨厌的人那样讨厌！"

他们争论的光的波粒二象性等高深物理问题在此不做讨论。一个著名的反省和论断令人警醒：凡是在我二十岁之前就已经存在的科技发明，都是天经地义的生活必需品；凡是在我二十岁到四十岁之间出现的科技发明，都是改变世界的非凡创造；凡是在我四十岁之后出现的科技发明，都是没有必要存在的异端邪说。

唯有保持饥饿，勇猛精进，才是永远的追光者，哪怕你是爱因斯坦。

姚吉庆对品牌有一种信仰般的热爱。每一次的跨界，总能化腐朽为神奇，总能给新进入的行业激起朵朵浪花。他的操作手法总是大开大合、高举高打、新招迭出，不是靠一个点子、一个策划胜出，而是一套缜密规划的系统战法。

我曾经写过《激荡三十年》，跟姚吉庆相识 20 多年，交流沟通也比较多，几乎见证了他在广东的征程。我觉得，他就是中国改革开放这 40 年当中，广东企业家、创业者、职业的操盘手的奋斗缩影。他南下广东 30 年，是他个人追光的 30 年，也是人生激荡的 30 年。

在 30 年当中，可以说姚吉庆也经历了中国的制造业和中国品牌的崛起。从乐百氏到华帝燃具，再到威莱音响、奥克斯空调，从欧派家居到慕思健康睡眠……不管是做职业经理人还是自己做老板，都从一个职业总裁的角度，经历了中国经济的迅速崛起，穿越了金融危机、SARS、新冠疫情，跌宕起伏，经历了不同行业不同品牌的山谷和山峰。

这么多年的跨界运营，在他身上贴有很多标志性的符号："两权分离""流程再造""冠军联盟""1 号联盟""智能制造""高端品牌"，而每进入一个行业他总会掀起一波影响深远的风浪。

# 序一

我对姚吉庆的印象，从来都是充满激情，能量满满，永远不惧困难，笑对挑战。不管是面对危机四伏的市场环境，还是充满荆棘的前路，他总能跨越沟壑，柳暗花明。

记得姚吉庆刚到慕思的时候，我就去看过他一次。尽管当时慕思只有几个亿的规模，但能感受到他对中国高端寝具市场十足的信心、决心和期待。那一次，他送了我一本他创作的营销类图书，我颇为惊喜地发现，他在品牌建设上有着系统而独特的思考。

后来几年里，我们的接触越来越多。我多次参加过他举办的"睡眠日"活动，还组织企业家走进慕思的智能化工厂。他和慕思的很多大胆试验，打破了人们对中国家具工厂的认知。今天，可以毫不夸张地讲，慕思智能制造已经成为中国家居行业的一面旗帜，是全球最领先的软体家具智能制造样板之一。

面对复杂环境和极限挑战的决断力和高压下的创新能力，是姚吉庆的又一显著特质。

记得2020年2月，全国面对疫情危机，销售终端基本关停。3月的一天，我突然接到姚吉庆一个电话，他说搞私域流量直播一天就卖出十万多单。我想全国市场静悄悄，怎么可能一天卖出十万单？

他在新冠疫情中没有躺平，而是逆势而上，加大投入，用了一个月的时间准备，建设了1000余家线上专卖店、100余个直播团队，动员成立了几万人的线上线下服务团队，在无直播经验的情况下创造性地打了一场漂亮的O2O私域直播战，在疫情最严重的 2020 年营收增长了 15%，2021 年营收又增长了 46%，并于 2022 年 6 月 23 日在深交所主板成功上市，之后市值更是达到了 240 亿元，成为当之无愧的健康睡眠第一股。

今天再读到姚吉庆的新作《高端品牌方法论》，字里行间透露着他多年在市场一线实战的场景和理论的萃取。这些方法论是集合了先进的战略、管理、流程、品牌、营销等各个方面的理论，结合所在企业的不同行业属性、不同企业的不同发展阶段实践心得提炼出来的实战方法论。

更重要是，姚吉庆不是站在一个品牌营销或者供应链的视角，而是站在一个职业 CEO 和操盘手的视角，来理解、实践和提炼如何打造一个高端品牌的方法论。

当下的中国，有一个共识是，在土地红利、地产红利、人口红利、成本红利已经失去的情况下，必须从过去野蛮生长式的数量增长，转向高质量的增长，中国需要从一个制造大国向品牌大国跃升，高质量发展成为我国新时代经济发展的主旋律。从高端品牌方法论中，我们也看到了这其实是一种创新驱动的方法论：通过数字化的升级，来实现品牌化、高端化、智能化、绿色化和定制化，从而引发新的动能和新的产业模式的升级。

跟姚吉庆深度交流过，吉庆说，在他人生的下半场，希望能够把这些高端品牌的方法论，赋能给更多的细分行业的品牌；希望能够看到更多的细分市场产生高端的头部品牌，产生更多的上市公司。

吉庆的人生上半场成就了多个不同行业的第一品牌，充满

## 序一

了跌宕起伏。他总是在人生到达一个顶峰时，就去攀登另外一个顶峰，而且总能完成自己的目标。希望这本书的出版，能够如姚吉庆所愿，对更多的细分行业有重要的指导价值和借鉴意义。

他的这个梦想，对社会来说、对行业来说，都是一件非常有价值且有意义的事情，是一件令人心动又很酷的事情。

让我们相信光，永为众多追光的"爱因斯坦们"鼓劲。

吴晓波

甲辰年春，书于杭州激荡书院

# PREFACE 序二

## "雄关漫道真如铁,而今迈步从头越"

慕思集团董事长　王炳坤

2024 年是慕思成立第 20 周年,也是我和姚吉庆先生合作的第 12 年。无论如何,这都是一个颇富意义的年份。巧的是,姚总的第二本书《高端品牌方法论》诞生了(他的第一本书《赢家》于 2014 年出版)。

热烈祝贺!

说起高端品牌,我感触颇深。慕思诞生于我的家乡——广东东莞。20 世纪 90 年代的东莞以"三来一补"模式为着力点,经济飞速发展,并逐步奠定"世界工厂"的地位。当时的东莞正处在黄金时代,但危机已经潜伏。

基于曾经的商海经历,我深知品牌建设的重要性,因此创业之初就确定了自己的梦想——打造一个源自中国的世界高端品牌,并确立了"全球睡眠资源整合"和打造"健康睡眠系统"

的经营理念。在当时没有国家政策加持，也没有雄厚实力基础，更鲜有成功案例借鉴的背景下，高端品牌之路并不好走。但我们始终坚持以客户为中心，在健康睡眠领域持续深耕。

2008年那场突如其来的全球金融危机，更让我们坚信自己的选择是正确的。在东莞、广东乃至整个中国，曾经的"三来一补"加工贸易模式带来的优势已不复存在，外向型经济发展增速放缓，迫使很多外贸企业向自主品牌转型升级。

20年来，企业经历的困难挫折的确很多，但经验和收获也有不少。总体上，我们取得了一些成绩，重要的是，那份对品牌的信念和执着的初心依旧。慕思不但成为健康睡眠方面的第一品牌，更成为中国颇具代表性的高端品牌之一。

2021年国家出台的"十四五"规划纲要明确提出，"开展中国品牌创建行动"，率先在化妆品、服装、家纺、电子产品等消费品领域培育一批高端品牌。这是国家层面首次将高端品牌的培育作为重要目标。对此，我们十分兴奋，品牌不但是企业的核心竞争力，更是国家经济实力和魅力的重要体现。高端品牌是品牌阵营中的明珠，切实担负着满足人民日益增长的美好生活愿望的历史重任。

2022年6月，慕思成功登陆深交所主板上市，成为一家现代化的公众公司。对股民的责任必然要求业绩的持续增长，但同时，我也深知，业绩增长绝不能以损害品牌形象为代价。慕思一直坚持长期主义的高端品牌战略。已经初步在公众中建立起高端品牌形象的慕思，一定要爱惜自己的品牌羽毛，不能为

## 序二

了业绩增长而杀鸡取卵，自毁长城。

在这一点上，姚总和我一直有着高度的共识。他的职业经历丰富，战绩突出，尤其擅长品牌策划与运作，曾经服务的几个品牌都成长为行业第一品牌。我们合作之后，慕思又成为他的新战场——打造一个真正意义上的高端品牌。十年来，我们合作相当默契，富有成效。慕思近年来的高速发展和品牌提升，离不开他的辛勤付出和卓越贡献。

在我们 12 年的合作过程中，姚总不但激情勤奋、能征惯战，而且善于学习、勇于创新，更难能可贵的是，鞍马劳顿之余，他还善于总结。如果说，他的第一本书——《赢家》是试图对打造第一品牌进行系统性总结的话，那么这本新书《高端品牌方法论》则是从建设高端品牌维度，记录了他的实践和观察。

翻开本书，一股强烈的熟悉的感觉扑面而来。这里大量记录了他进行慕思品牌运作的做法、案例和思考，几乎可以说是慕思高端品牌建设的"个人总结"。姚总是最具企业家精神的职业经理人和合作伙伴，他对工作总是激情澎湃，把经营当成爱好，把工作当成生活；他在战略规划、品牌运营、渠道建设、智能制造、数字化方面都有独到的见解和独特的方法，善于提炼总结和系统思维。

尤其是，他身上有一股对品牌建设的信仰般的热爱，这让其成为企业界难得一见的品牌操盘手。

《高端品牌是如何炼成的》一书著者、知名财经作家、高端品牌实验室主任段传敏先生的加入显然提升了本书的高度、专业度和丰富度，也让这本书具有了更普遍的价值。慕思能成为"高端品牌成长修炼"的基础案例，我也深感荣幸和自豪。这无疑也是一份给20岁的慕思的最好礼物。

在书中，姚总和段传敏先生以其丰富的实战经验和深厚的专业洞察，为慕思总结了打造高端品牌的方法论。两位作者从产品力、品牌力、数字化力、文化力、体验力、服务力、销售力七个维度，较为系统地阐述了高端品牌建设的核心要素和路径。我想，这些不仅是高端品牌建设的方法论，更是企业家和经理人应该秉持的职业态度。

高端品牌从来不是一蹴而就的，它需要时间的沉淀以及不断地实践与创新；高端品牌也绝非仅靠广告宣传就能达成，它需要在产品、服务、技术、体系等方面全方位提升综合实力。同时，高端品牌的修炼是一个永无止境的过程，它需要我们不断地学习，不断地创新，不断地超越自我。

在这方面，国内外并无太多现成经验可资借鉴——高端品牌也绝不能靠"抄作业"取得成功。慕思的经验是，以客户为中心，服务好每一个客户，在此基础上勇敢追求梦想，提升技术实力，努力做最好的自己。

在品牌的道路上，虽然慕思取得了一些成就，成为家居建材行业备受瞩目的高端品牌和"健康睡眠第一品牌"，但我们深感自己还很弱小，存在很多不足。所谓"第一品牌"和"销量遥遥领先"只是现在时，如果不能不断提升客户价值和品牌价值，就有可能变成过去时。

"雄关漫道真如铁，而今迈步从头越。"回首过去，慕思走过了曲折但非凡的旅程，思来让人感慨万千；展望未来，上市的慕思正在开启新的创业旅程，以饱满的激情、旺盛的斗志继续着最初"让人们睡得更好"的使命，走在成为世界高端品牌的伟大征途中。

梦想是一个奇妙的东西。它如同太平洋上一只蝴蝶扇动的翅膀，在时间齿轮推动的风云际会中，演绎出整个世界为之澎湃的风暴。一个企业和品牌何尝不是如此？当然，命运肯定不是用"玄妙"二字来解读的，它一定蕴藏着某种方法和逻辑。这本书力求用线性的方式给出建设高端品牌的方法论，其强烈的实战色彩和系统的总结无疑具有一定指导意义。

如今，慕思已经建成2500平方米的睡眠博物馆，并向社会开放了自己的工业4.0智能制造工厂。未来，我们愿意不断开放和共享，与更多有志于品牌事业的企业家、企业携手同行，共创共赢，为伟大的中国品牌故事再添新章。

我一直说："方向对了就不怕路远。"品牌是一种长期主义战略，高端品牌更是难而正确的发展道路。过去的20年，我们已经成为中国高端健康睡眠领域的领导者；未来20年，我们将会成为世界高端健康睡眠领域的领导者。

期待"高端品牌方法论"能在不同行业的企业生根、发芽、成长、结出硕果，同时继续伴随着慕思的前进，在探索和应用中实践、迭代和升华，变得更加成熟，更加富有成效。

# PREFACE 自序

## 激越 30 年，为品牌"信仰"而战

慕思集团副董事长、中国十大品牌专家　姚吉庆

时间飞逝，岁月如梭，不知不觉来到广东已有三十个春秋。

受上天的眷顾，我的人生上半场正好经历了中国的改革开放、中国制造业的腾飞以及中国品牌崛起的过程。那些波澜壮阔的历史瞬间，如今回首依旧历历在目。

在改革开放的最前沿，我看到很多中国品牌如乐百氏、万家乐、科龙、格兰仕、美的、华帝等的崛起、壮大。在此期间，自己也躬身入局，跨界运营过不同行业的品牌，从饮料行业、厨电行业到音响行业，再从空调行业到大家居行业、健康睡眠产业……忆往昔峥嵘岁月，能和乐百氏、华帝、欧派、慕思等品牌创始人一起并肩作战，让我倍感自豪，又感三生有幸。

在这风起云涌、群雄逐鹿的珠三角，作为营销操盘手和CEO，我见证和亲历了几个不同行业第一品牌的孕育、成长、

高速发展,深刻体会了品牌在培育期、成长期、高速发展期以及变革期的一系列成长、蝶变和突破。

30年的品牌旅程曲折而生动,激荡而丰富,回想起来既心潮澎湃,又感动感恩,里面有难以言表的成就感,也有获益良多的富足感。不同的行业、不同的企业有着巨大的差异,在不同的历史发展阶段、不同的市场环境下会遇到不同的难题,但在人生的每个阶段,我都始终保持着一种奋进者的姿态,实事求是、创新学习,将品牌塑造出价值,将成长推至新的高度。

在此过程中,我也有机会与国际顶尖顾问公司一起合作,在战略定位、品牌营销、流程再造、供应链管理、人力资源、人工智能、智能制造等多个领域进行东西方思想的碰撞与融合,把西方先进管理理论中国化、实效化。我深刻感受到了西方先进的思想理论、先进的细分管理理论与中国智慧融合的重要性,并从中总结出一套中西合璧、洋为中用,符合不同企业历史发展阶段的灵活、高效的经营方法论。

虽说人生没有白走的路,每一步都算数,但往往那些容易走的路都无法走远。

30年来,我们经历了1994年到2000年改革的突飞猛进、新世纪加入WTO后的国际化浪潮;经历了人口红利、地产红利以及土地红利下企业的"野蛮"增长;经历了2008年的国际金融危机,2003年的SARS,再到这次新冠疫情……在激荡汹涌的岁月中,不管遇到危机还是陷阱,我都没有放弃自己的品牌信念,无一例外选择了更难走的那条路——主动应对挑战,并化危为机,取得逆势突破,收获了满满的品牌硕果。

当前,中国正处在"三个转变"的新历史进程之中——中国制造向中国创造转变、中国速度向中国质量转变、中国产品向中国品牌转变。人口红利、地产红利、土地红利、成本红利等企业利好正逐渐消失,企业也必须从过去的粗放式经营向高质量发展转变。

其中,品牌是一个绕不过去的重要话题,它是高质量发展的重要象征。

高端品牌则是品牌建设领域皇冠上的明珠。在中国正从小康社会迈向发达富裕国家的进程中,如何打造高端产品、高端制造和高端品牌,满足人们日益增长的美好生活的需要,是摆在许多企业面前的重大课题。

30年来,我在生产研发、质量控制、供应链运营、智能制造、品牌营销等不同岗位转战;同时,在集团CEO的位置上,对企业进行整体运营。无论在哪个企业和哪个阶段,我对品牌运作都有着炽烈的激情和由衷的热爱。可以说,我是视品牌为信仰的人——或者,更确切地说是视打造高端品牌为信仰的人,因为无论到哪个企业,都希望将品牌塑造出价值,将品牌推至更具影响力和更具含金量的新境界。

我经常说一句话:"我是一个非常热爱营销、热爱品牌、热爱企业运营的职业经理人,品牌是我毕生追求的事业。"

我视工作为生活的一部分,把品牌的运营看作是有趣的富有挑战性的商业"游戏",我痴心于此,乐此不疲,攀越着不同行业、不同企业的品牌高峰。

进入人生的下半场，我长期以来的一个愿望愈发强烈：希望能把多年来在不同团队协同奋进中、与国内外优秀企业合作过程中的经验和思考萃取出来，形成一套行之有效的方法论，奉献给更多的品牌。作为一个品牌人，我由衷地希望，未来在更多的细分领域，更多的高端品牌能够茁壮成长，跻身行业头部，晋身世界一流。

诚然，无论多么优秀的企业，其成功经验都不能教条式地照搬照抄。每个品牌必须结合自身的实际、发展阶段，并和行业的市场环境结合，因地制宜，融合创新。学我者生、似我者死，品牌运营更不能刻舟求剑。任何优秀的方法，都必须因地制宜，因时而变。

在过往的岁月中，我跟段传敏先生交流颇多。他是一位非常有见解，有远见，善于学习、总结和归纳的营销专家和财经作家。很有幸，也很感激能与段传敏先生一起深度合作，研究高端品牌方法论。因此，这本《高端品牌方法论》既是个人的思考和经验的总结，又融汇了从理论到实践再到方法论的升华。

希望这本书的出版，是更深入研究高端品牌的开始，能为更多有志于品牌事业的创业家、企业家提供基准战法。未来，我们将基于实践不断迭代和升华，企业也需要不断从"战争"中学习"战争"，方能持续成功。

I N T R O D U C T I O N  **导读**

所有的成功背后一定有方法。那么，高端品牌是怎样炼成的呢？

建设高端品牌考验的是综合性的经营能力，绝对不是只把某一点做好就行，也绝不是请个定位公司定个战略就万事大吉，更不是从其他高端品牌挖来几个人就能成功。

本书立足于一个CEO的角度，是一个有着30多年企业操盘手经历的职业总经理的自我总结。其中的方法论伴随了作者姚吉庆的职业生涯，并已经历了25年的创新迭代。

1996年起，姚吉庆先后担任华帝集团营销总监、集团总经理，曾因当时轰动全国的民企两权分离，名噪一时。起初，燃气灶的销售价只有二三百元，他去的第一步就是把价格提高到600元，一年后再度提高到1000元。这在当时已是高端价位。当然，价格提高的背后一定有产品的支撑，为此，他采取了种种举措，包括将源于意大利的嵌入式灶具引进中国。

后来，他在欧派家居担任营销总裁职务，很快把定制橱柜的价格从8000多元每套，提高到2万多元，此举奠定了欧派目前作为定制家居第一品牌、中高端家居品牌的基础。

2012年，姚吉庆应邀担任慕思总裁以后，更坚定地围绕高端品牌路线进行全面的探索。不但在品牌营销上表现亮眼，同时不断夯实产品竞争力、服务力与高端消费体验，带动了慕思产品甚至软体行业产品价格带的不断上升，慕思的高端品牌形象日益突出，且销售规模增长了十倍之多，创造了"量价齐升"的成长案例。

在此过程中，他本人积累、迭代和丰富了高端品牌实战经验和方法，本书就是其过往二十年的经营思想和方法的总结。

同时，本书也结合了段传敏先生对于高端品牌方面的持续研究。2022年，机械工业出版社曾出版了《高端品牌是如何炼成的》一书（段传敏与刘波涛合著）。该书在当年位列京东图书市场营销类畅销书第七位，填补了国内在高端品牌领域的研究空白。

自2013年起，段传敏就关注到慕思的高端品牌案例，并进行了长期跟踪研究。《高端品牌是如何炼成的》将慕思作为一个重要研究对象，并与华为、茅台、卡萨帝、苹果、特斯拉、LV等中外品牌的成长进行对照比较。

段传敏是一位著作甚丰的知名财经作家，也是高端品牌实验室的发起人，致力于整合国内智慧资源，不断推动中国高端品牌的成长与进步、交流与合作。他不但持续分享关于高端品牌的研究和观点，而且是高端品牌论坛、峰会和研讨会的组织者。

# 导　读

本书的主要内容是对慕思及国内外高端品牌的长期跟踪研究成果和姚吉庆多年高端品牌实践萃取总结融合的结果。因此，这是一部具有深厚实战特色的书籍，同时还具有广泛的研究价值和深刻的洞察力。

回到正题，何谓高端品牌方法论？我们认为主要包括：产品力修炼、品牌力修炼、数字化力修炼、文化力修炼、体验力修炼、服务力修炼和销售力修炼七个方面。

一是产品力修炼。企业要想在市场上迅速崛起，最核心的问题是先把产品力修炼好。

二是品牌力修炼。仅有产品力还不够，如果品牌没有力量，就没有溢价的空间，没有市场号召力。

三是数字化力修炼。这是我们近几年感触很深的方面。企业如果善用数字化工具、做法，并拥有较强的整合能力，可以在不长的时间里超越那些上百年的国际品牌；否则，就相当艰难。人家运作了上百年，有很强的工业沉淀、品牌沉淀和组织沉淀，也有很强的人才招募、培训、使用和管理能力，这些是很多中国企业没法与之相比的。唯一的弯道超车机会，就是依靠先进的数字化能力。

四是文化力修炼。如果运作一个大众化品牌，企业和消费者关注的依然是性价比，品牌的情绪或思想表达是否高级，并不是消费者关心的重点；但运作一个高端品牌，必须拥有情绪价值、社交价值，也必须拥有文化价值。文化是高端品牌的灵魂，文化力修炼十分重要。

五是体验力修炼。情绪价值是怎么产生的？其实主要靠品牌带给消费者的一系列体验。因此，高端品牌需要一个体验力提升的训练方法。

六是服务力修炼。如何增强与消费者的黏性和信任？服务环节可以发挥关键作用。服务力是企业的护城河。

七是销售力修炼。所有的修炼最终都是为了能够把产品销售出去，管理好全球终端门店，让终端门店按照总部的战略部署完整地执行下去，这是高端品牌的临门一脚，也是完成运作闭环的重要一步。

# 目录

CONTENTS

序一　保持饥饿，勇猛精进　　吴晓波

序二　"雄关漫道真如铁，而今迈步从头越"　　王炳坤

自序　激越 30 年，为品牌"信仰"而战　　姚吉庆

**导读** – 001

**第一章　什么是高端品牌** – 001

　　　　红利的消失 – 005

　　　　高质量发展 – 010

　　　　消费升级 – 015

　　　　高端品牌"阵容" – 022

**第二章　产品力修炼** – 027

　　　　重新"发明" – 028

　　　　品类创新与超越 – 032

产品力"金三角" – 037

整合创新 – 042

让用户尖叫 – 048

## 第三章 品牌力修炼 – 057

品牌自创流量 – 058

打赢心智战 – 062

定位"四法" – 066

精众传播 – 070

"品效合一" – 074

## 第四章 数字化力修炼 – 081

三大趋势 – 083

智能制造 – 089

数字化营销 – 096

## 第五章 文化力修炼 – 101

成长三阶段 – 102

解决人类问题 – 106

立一个志 – 109

强势内容营销 – 114

五级文化构建 – 121

## 第六章　体验力修炼 – 129

　　重视终端 – 130

　　体验就是营销 – 135

　　与用户交互 – 139

　　峰终定律 – 143

　　打造极致体验 – 147

## 第七章　服务力修炼 – 151

　　主动式服务 – 152

　　顾客中心战略 – 157

　　超级用户 – 162

　　两大原理 – 168

## 第八章　销售力修炼 – 173

　　两大维度 – 175

　　三大目标 – 180

　　电商重要性增强 – 185

　　新渠道　新市场 – 191

　　品牌即口碑 – 196

《尊品》杂志访谈 – 201

后记 – 215

第一章

# 什么是高端品牌

METHODS
FOR BUILDING
EXCELLENT
BRANDS

什么是高端品牌？显然，它是品牌这一概念的组成部分，是将高端市场作为目标定位的品牌。

那么，何谓"高端"？它与"驰名"（更强调知名度）、"顶级"（更强调综合实力）有着不同的侧重面，"高端"更强调价值性。

其价值性体现在哪里？高端品牌被描述为"设计精美、生产精细、服务精心"——其更突出产品与服务。这些概括还需要更细化的阐释，因为现代品牌的概念已深入人心——过去从生产方角度来看时，它是用以识别产品和服务的标识、牌子，但现在再从消费者角度出发，它是结合感知后的总和，是形象、信誉和资产。随着经济发展和竞争日趋激烈，"品牌资产说"成为现代品牌理论的主流思想。

对高端品牌进行精准的定义不是本书的主要目标，本书更关心的是衡量高端品牌的价值尺度。根据长期的观察和实践，我们提出了高端品牌的"四高论"。

第一，一定要具备产品或服务的高品质。这个高品质至少包括卓越的产品质量和工艺、创新且美观的设计、细致入微的服务体验等三个层面。消费者对高端品牌的要求非常苛刻，认同并要求一分价钱一分货。一套2000元的西装消费者也许不会在乎太多细节，但一套5万元的西装消费者可能会关注到每一根线头。

第二，高价值和高价位。这个价值不仅包括生产带来的使用价值，也包括设计和服务带来的情绪价值，更包括产品特性和品牌声望所带来的社交价值……只有具备这些综合价值的品牌才能叫"高端品牌"。另外，价格是商品价值的货币表现，因此，高价位是其不容回避的外在特征。

第三，要有高品牌影响力。这个品牌必须具备一定的知名度、美誉度和影响力，能够给消费者带来超出产品之外的荣誉价值和精神满足。

第四，一定要以高端人群为主要消费群。这里再区分贵和高端两个概念：高端品牌一定在价格上是相对较贵的，但卖得贵的产品或品牌未必是高端品牌；换言之，高端人群一定是相对收入高的人群，但高收入者并不一定是高端品牌的目标人群。比如，曾有一段时间一些人把拉菲当水喝，这虽然促进了拉菲的销售增长，但这类人群并非、也不应该是拉菲关注的核心人群。

"四高"之中有两个核心值得特别关注。

一是高端品牌要关注产品的独特性。爱马仕的包包、香奈儿的衣服，每个品牌在产品方面都有自己的独特性，有其创新性和卓越性。

二是一定要具备文化属性。高端品牌要跟自己的目标消费群有较强的情感互动，或在价值观方面有强烈的共鸣。

首先，高端品牌强调的是战略抉择，而绝非一时的战术运用。它既是目标市场的差异化选择，又是品牌个性的差异化选择。因此，高端品牌的运作一定要基于"一把手"原则，公司决策的最高层是首席品牌官或者首席执行官，而不是某个部门的负责人。高端品牌关注的是长期战略目标，而不仅仅是短期的销售增长、传播目标或项目实验。

其次，高端品牌强调以用户为中心的理念。尽管部分奢侈品牌或科技品牌标榜"消费者其实不懂他自己"，认为只有本品牌才能为消费者提供需要的产品，但总体而言，这是个别或局部现象。高端品牌应将目光从企业自身转向消费者，从关注销售数字转向关注顾客认知，它们必须做到全面优秀，在此基础上再追求局部突出。那么，以用户为中心、创造独特的全流程体验是其必然的选择。

再次，高端品牌关注的绝不仅是传播概念，而是一个综合运营体系。它在通过产品、服务和传播传达思想，包括了与顾客接触的所有感知系统——既有 VI（视觉系统）、广告和传播，也包括产品、服务、渠道销售和人员行为等。

最后，品牌是消费者心中的认知资产，高端品牌尤为如此。只有维持其在高端人群中的形象与声望，它才能获得期望的品牌溢价。否则，同一个茅台镇，同一处赤水河，同样的传统酿造工艺，凭什么茅台飞天可以卖出多出同镇、同行上百倍的价格？

在我们看来，上述系统原则、战略原则、用户原则和认知原则是高端品牌战略的四大原则。高端品牌是一个战略，也是一个产品，既是渠道和服务，也是综合的运营管理和强有力的品牌形象输出。

## 红利的消失

在改革开放的40多年里，中国经济发展的速度很快，也取得了举世瞩目的伟大成就。

回首过去，这40多年的发展和繁荣主要依靠的是改革开放的政策红利、大量廉价劳动力的人口红利、加入WTO以后的全球化带来的产业转移红利、城镇化所带来的土地成本优势和地产大发展、基建带来的市场与投资等。这几大红利轮番滚动、共同作用，带来了长达40余年的经济空前繁荣。

其间，中国开始成为制造大国、出口大国，中国制造开始在全世界所向披靡。2000年以后，你再到全世界去旅游的时候，见到的许多产品都是 Made in China。

同时，中国确实产生了很多非常大的企业和品牌，它们在中国市场崛起并在全球崭露头角，击败了曾经不可一世的国际品牌。不能排除其个体的努力和参与市场竞争练就的能力和水平，但不可否认的是，它们也是依靠城镇化和地产大发展带来的空前繁荣和市场扩容而崛起的，是在"大水"时代长成的"大鱼"。

20世纪90年代中期，广东有个叫"格兰仕"的品牌非常闻名。它采取的是"低成本，低价格"战略，通过凌厉的做法不断降低成本和价格掠夺市场，成了微波炉行业的"价格屠夫"。

它的做法是，如果今年企业生产规模达到了100万台，明年就把100万台变成企业的盈亏平衡基点，迅速降价20%~40%，把300万台定为销售目标；等企业做到300万台，就把300万台作为盈亏平衡基点，再度降价抢夺市场，力求在市场上销售800万台，以此类推。五年下来，烧烤型的微波炉从1996年的1500元/台下降到2000年的低于600元/台。2000年格兰仕的国内市场份额达到了空前的70%以上，出口量占全行业的85%以上。

不过十年工夫，格兰仕迅速壮大，成为全世界规模第一的品牌，把国内的微波炉品牌基本搞垮了。到 2003 年，市场上 90% 的微波炉厂家就不见了。它的成功靠什么？靠的就是低廉的人工成本和土地成本，即制造优势和市场扩容。今天这种模式还能行得通吗？非常难。

再举一个城市的例子。20 世纪 90 年代的广东东莞是全球著名的"世界工厂"，"三来一补"的来料加工制造和转口贸易空前繁荣，甚至有"东莞塞车，全球缺货"的说法。

大量南下农民工蜂拥而至，工厂里人头攒动，东莞变得生机勃勃。然而从 2008 年国际金融危机爆发到三年新冠疫情，再到贸易摩擦，曾经的东莞模式也遇到了发展的瓶颈，大批靠低成本、制造代工获得的阶段优势已经不复存在，制造业企业转型迫在眉睫。在这种情况下，2014—2016 年，东莞连续三年"一号文"加码，掀起了智能制造的热潮。自 2017 年起，东莞又创新开展了"企业规模与效益倍增计划"，引领全市制造业企业转型升级。2021 年，东莞 GDP 迈过"万亿大关"，成为全国第 15 个 GDP 过万亿元、人口超千万的"双万"城市。

我们回看过去的东莞，正是因为"三大红利"的消失，它才发力加快实现制造业转型升级，以此突破发展瓶颈。

第一，人口红利。根据国家统计局的数据，截止到2022年末，全国人口14.12亿人，比2021年末减少85万人。2023年新生儿出生人数为902万人，死亡人数为1110万人，负增长208万人。这意味着，自2022年起，中国总人口已进入下行趋势，进入人口负增长时代了。

目前我们还有14亿人，从总量上看，这种人口的缓慢负增长似乎并不构成重大影响。真正具有现实效应的有两点：①廉价的人口红利已经失去。目前，相比东南亚、非洲、拉丁美洲这些地区的国家，我国的劳动力成本已经快速攀升，平均工资增长较快。牛津经济研究院的数据显示，考虑劳动生产率和汇率影响后，2015年中国制造业的劳动力成本已接近美国，是印度的2倍以上，明显高于日本、墨西哥。这已经在相当程度上削弱了中国的劳动密集型产业在全球竞争中的比较优势。②中国正加速进入老龄化社会。国家统计局的数字显示，2023年全国60岁以上人口为29697万人，占全国人口的21.1%，显然，我国已进入中度老龄化社会。预计2035年左右，我国60岁及以上老年人口将突破4亿人，在总人口中的占比将超过30%，进入重度老龄化阶段。到21世纪中叶，这一数字将达到约5亿人。老龄化将是一个重大的社会和经济问题。

第二，土地成本优势已经基本消失。过去，优惠的土地政策对招商引资起了很大的推动作用，但随着土地政策的完善，对环境与生态的重视加强，加之房产地价的上升明显拉高了工业土地成本，工业用地价格已经明显走高。相关统计显示，中国东部地区工业用地成本是美国中西部地区的4~6倍、越南的2倍左右。从全球角度看，中国土地价格处于中等水平，主要城市的工业用地平均价格甚至已高于美国、日本，与越南、墨西哥相比更缺乏比较优势。

第三，城镇化已接近尾声。改革开放以来，中国经历了世界上规模最大、速度最快的城镇化进程。2023年末，我国城镇常住人口达93267万人，常住人口城镇化率为66.16%，比40多年前的1978年提升超48个百分点。这种急速的大规模城镇化的直接后果是房地产大发展，以及中国步入大建基础设施的时代，这两个结果成为中国经济增长的主要动力。现在，中国的城镇化已经接近尾声。虽然目前看似还有一定的空间，但有专家指出，如果考虑到跨省流动、实际在城市工作和生活但未获得有效户籍的近3亿农民工，实际中国的常住人口城镇化率已超70%。另外，国家统计局原副局长贺铿认为，中国房地产存在供应过剩的状况，"14亿人可能住不完"。

上述种种因素意味着，想要回到从前粗放式、靠低成本红利和房地产拉动经济的增长模式已经不可能。摆在中国面前的只有一条路——"高质量增长",中国制造也不能再靠低成本和超低价取胜,如果企业还是一味地低价倾销,也仅仅是获得暂时的喘息时间,基本上没有前途和未来,这条赛道已经变得超级"内卷"。

## 高质量发展

产业界有一个"微笑曲线"理论,它是由宏碁集团创办人施振荣提出的,后来成为分析和制定产业中长期发展策略的战略工具,风靡海内外。

它强调的是"附加值"的理念——即所谓的"高溢价",这为产业成熟化、市场饱和形势下,传统制造企业的转型升级指明了方向。"微笑曲线"的中间是制造;左边是创新研发,属于全球性的竞争;右边是品牌营销,主要是当地性的竞争。在制造产生的利润很低且全球制造供过于求的情形下,研发与营销带来的附加价值更高,因此产业必须向"微笑曲线"的两端发展,即向加强研发设计或进行品牌运作迈进。

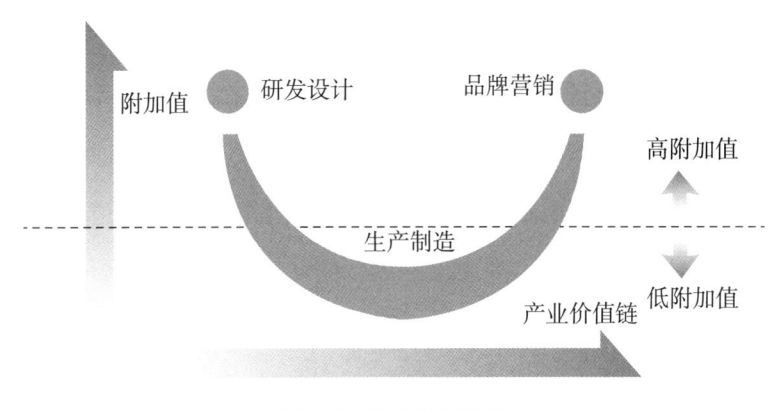

图 1-1　产业微笑曲线

当前，这个产业"微笑曲线"对中国企业相当重要，因为它清晰地告诉我们，过去几十年的发展奇迹基本上是建立在生产制造端，且是在低附加值的基础上的。尽管我们取得了很大的成功，并成长为世界第二大经济体，但大部分制造企业处在世界产业链的底端，也就是价值链较低的位置。

想想这个"可怕"的事实，会让很多自诩成功的企业和企业家惊出一身冷汗。

现在，很多行业的毛利率降到15%～20%，未来几年可能会越来越难。如果企业的业务模式是To B（面向企业端），还会遇到付款条件苛刻的难题；如果对方给你一张半年承兑汇票，那就更惨了。毛利如此之低，企业肯定时刻处于危机之中，整天提心吊胆，随时准备关门，如何能够健康发展？

从人性的角度，老板们都喜欢赚容易的钱、赚快钱，这无可厚非，而且过去三四十年都是这么过来的（也许有些早已消失或转行了）。现在，时代显然已经不同了，低质量发展没有前途，高质量发展虽然艰难，却是一条正确的道路！

这是中国提出"高质量发展"的初衷。

这意味着，企业必须向"微笑曲线"附加值比较高的两端迁徙：一个是产品研发设计，一个是加强品牌营销运作。通过投入进行产品的创新、技术的革新，这样产品才有独特性和卓越性，才能以高标准和高品质获得高价格和高利润；通过加强品牌营销，品牌才有可能产生差异性与更广的知名度和更高的美誉度，才能带来更丰厚的品牌溢价。

如此，你的企业才能进入一个正向的"高质量发展循环"。因为只有有了足够的利润，你才不会只想明天的事，不会只想生存问题，而是可以对未来进行更具价值的长期投资——不断引进更优秀的人才，打造更为卓越的组织，加大在技术上、管理上、营销上的持续投入和创新力度，获得更具竞争力的产品和品牌，进而领先对手。

近几年来，国内不少企业已经给予研发设计足够的重视，最典型的是华为。2023年，华为研发费用支出为1647亿元，占全年收入的23.4%，十年累计投入的研发费用超过11100亿元。这是多么"可怕"又令人可敬的态度、决心和战略，又给华为带来了多么强悍的产品、科技实力和品牌竞争力！正是因为这样的创新研发，华为不但没有被大国的强力制裁压垮——这在全球是前所未有的——而且转危为机，此举不仅让其进入高质量发展的正循环，更能在连环打压下，屹立不倒，强势归来。同时，它以近乎英雄般的形象将品牌推至超现象级的高度，不但令国人心折甚至信仰膜拜，更令全球企业界感到震撼。

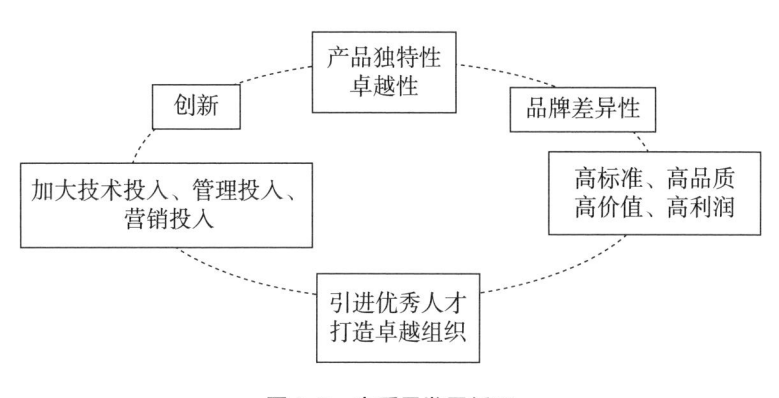

**图 1-2 高质量发展循环**

试想一下，国内很多企业的毛利率只有 15% ~ 20%，而华为的研发费用已占 23.4%！这样的企业你怎么和它竞争？一个制造企业，如果没有 50% 以上的毛利，很难持续。

在技术能力升级之外，另一条道路是通过品牌营销创造可以溢价的无形资产。市场调研机构 Counterpoint Research 公布了 2023 年全球各大智能手机品牌平均售价及利润占比，同样是智能手机，苹果赚了全球手机利润的50%，位居所有被调研手机品牌的榜首。从报告可以看出，售价最高的依然是苹果手机，平均售价达到890美元，约合人民币6402元。

一项机构的数据显示，国产手机虽然在全球似乎所向披靡——占据着全球60%的份额，却只能赚到8%的利润。

苹果的案例表明，品牌是高质量发展的重要象征，而高端品牌则占据全球价值链中的顶端位置，不但享受核心技术与能力带来的价值红利，更享受高端化带来的更高品牌溢价。

让我们看一下高端品牌和高端制造的对比。富士康算是比较厉害的高端制造企业，它做的是国际上顶尖高科技电子产品，是全球最大的电子产品代工厂。这样牛的企业在苹果面前，也只能小心翼翼。这并不仅仅是因为富士康为苹果代工，更重要的是其在产业链上的利润占比：黄奇帆曾在第八届复旦首席经济学家论坛上表示，如果富士康在郑州的工厂有400亿美元的毛利，苹果可以拿走300亿美元，而且并没有投入任何资金进行投资运营。

2022财年，"高科技"的富士康毛利率只有6.03%，与高端品牌苹果的43.31%相差了7倍多。

## 消费升级

综观目前大家印象中的一些高端品牌,如奔驰、宾利、法拉利、宝马、Dior、Gucci、LV……它们大多源自欧洲,这是不是意味着,高端品牌是欧洲发达国家的"专利"呢?中国人有没有可能打造自己的高端品牌?

我们认为,不但可能,而且必然!

这是因为,中国具备高端品牌生长的土壤。

中国是一个很大的巨量市场,拥有14亿人的巨大人口基数,即便其中20%的高端人群也有近3亿,这几乎是整个美国的总人口数。

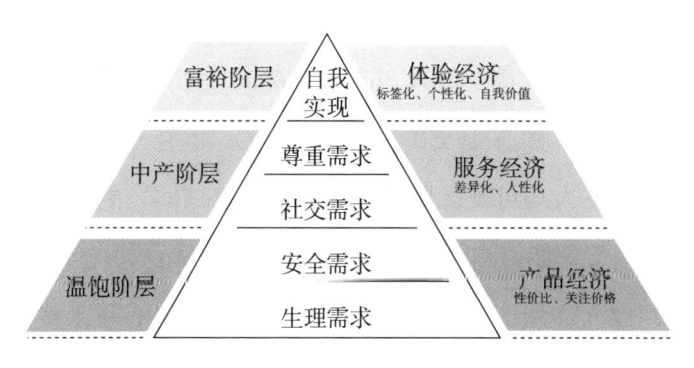

图 1-3 马斯洛需求层次理论

很多人都知道马斯洛需求层次理论。这是心理学中的激励理论，它包括人类需求的五级模型，从层次结构的底部向上，分别为生理（食物和衣服）需求、安全（工作保障）需求、社交需求、尊重需求、自我实现。对应这一理论，我们重新对消费人群和经济形态进行解读。

第一，生理需求和安全需求对应的人群是温饱阶层。这类人群关注的是产品的基本功能和价格，构成基于价格和性价比的"产品经济"。2023年，拼多多的股价超过了阿里巴巴，使得京东和淘宝纷纷调整策略，重新聚焦这一人群，说明无论市场如何变幻，这一人群的数量都是最大的，构成相对较为稳定的基础市场，也是大众化品牌、大多数品牌关注的基础市场。

第二，社交需求和尊重需求对应的人群是中产阶层。世界银行对中等收入给出的绝对标准是，成年人每天收入在10～100美元，即年收入3650～36500美元（如果按1∶7的汇率计算，则有25550～255500元）。也有一个标准是按照"收入在人均可支配收入中位数到3倍之间"的相对标准来测算。无论如何测算，中国的中等收入群体已超过4亿人。

当收入达到这样的水平之后，人们开始关心基于差异化和人性化的服务经济。典型的就是酒店业，最初人们对酒店的基本需求都是住宿，但星级酒店拼的则是服务。因此，我们才看到有那么多五星级酒店建立起来。

定制家居的出现与繁荣也是一个例子。为什么 2008 年以来那么多家居品牌迅速成长,在 2015—2018 年就有 9 家公司接连上市?原因就在于它们代表一种消费理念和趋势:企业要以消费者为中心,通过定制化的产品和服务,实现消费的个性化和差异化。

第三,自我实现对应的人群则是富裕阶层。很多企业主、中大型企业高管属于这个阶层。当然,它的划分标准不一。按照中国官方的标准,家庭年收入在 80 万元以上(净资在 200 万元以上)的即属富裕家庭;按照麦肯锡的标准,个人金融资产在 25 万美元(相当于 175 万元人民币)到 100 万美元(相当于 700 万元人民币)之间的,称为"富裕人群";胡润研究院的划分标准则显得更高了,它将净资产 600 万元以上的家庭划为富裕之列——这个净资产要扣掉你现在资产和负债的利息部分。

富裕阶层的人们衣食无忧,开始追求自我实现的价值。在消费时,他们往往强调标签化、个性化的消费体验,强调自我价值的认同与实现。这种"体验经济"的特点是,消费者更加注重与产品或服务相关的感性体验和主观评价,而非仅仅追求产品或服务本身。

其中,富裕阶层又分化出更高端的"高净值人群"这一概念，这是国外奢侈品品牌重点关注的消费人群。他们更为富裕，通常指净资产在1000万元以上（即扣除负债后的个人净资产），或者能随时拿出600万元去投资（不包括房产）的家庭。在中国有200多万户这样的高净值家庭，他们占中国总家庭户数的1%。

要客研究院的一份报告显示，在很多消费或高端消费领域，高净值人群都贡献了超过一半的市场消费力，如境外旅游、奢侈品购买、子女留学、购置豪宅等。特别是奢侈品消费，高净值人群虽然只占人口的3‰，却贡献了约80%的奢侈品消费额。

| 年份 | 境内总消费额（亿元人民币） | 境内总消费额同比增长率 |
|---|---|---|
| 2011 | 728 | |
| 2012 | 1649 | 154% |
| 2013 | 1904 | 0 |
| 2014 | 1695 | -11% |
| 2015 | 1745 | 3% |
| 2016 | 1888 | 7% |
| 2017 | 2222 | 19% |
| 2018 | 2600 | 17% |
| 2019 | 3242 | 24.70% |
| 2020 | 4702 | 45% |
| 2021 | 6441 | 37% |
| 2022 | 5475 | -15% |
| 2023 | 6297 | 15% |

数据来源：要客研究院

图1-4　2011—2023年中国人境内奢侈品总消费额及同比增长率

第一章　什么是高端品牌

总体上，中产阶层的大量出现和富裕阶层的迅速壮大是高端品牌兴起的市场背景。富足起来的国人开始追求高品质的消费和与众不同的个性，开始追求更富情感和精神世界的消费体验。有统计数字显示，2023年，高端消费市场贡献了约12万亿元的社会消费品零售总额，约占总比重的27%。同时，这批人为那些在中国市场的高端品牌贡献了高达74%的利润（来源为要客研究院发布的《2023中国高质量消费报告》）。

经济学者、重庆市原市长黄奇帆在一次演讲中说，过去中国老百姓出去旅游，每年会从海外带回1500亿美元左右的各种消费品、奢侈品或中高档的商品。这几年通过开设免税商店、降低关税等措施，使得中国的奢侈品消费市场规模越来越大，2022年超过美国成为奢侈品消费第一大市场。

当然，鉴于中国市场的巨量性，发展阶段不一，发展程度不同，消费呈现错综复杂的多样性特点，加之中国的阶层尚未固化，因此从横向的社会层面来看，在一个时间阶段内，几种阶层的人群会同时对应不同的需求。

新冠疫情期间以及新冠疫情之后的2023年，由于内部深度调整，外部世界面临脱钩断链的风险，经济趋势下行，原本消费升级的趋势有所降温。一时间，"消费降级说"成为话题。

一个不容忽视的事实是，在中国市场，奢侈品消费的增长态势基本没有变化，很多品牌还大幅度提高在中国市场的销售价格。目前，中国人在世界奢侈品市场的消费占比达40%～46%。一个数字可以佐证这一点：中国人买走的宾利、劳斯莱斯占到全世界的30%以上。

　　所以，"消费降级说"是一种片面的、偏执的认识。当然，处于中产阶层和富裕阶层的人群虽然不少，但相比中国的14亿人口仍然属于少数派，其余的人群仍然习惯追求性价比更高的产品——买东西价格越低越好。这才促成了拼多多这类平台的崛起，以及2023年京东和淘宝的战略调整——将目标重新聚焦最广大的消费人群。

　　但是，即使是面向大众的日用品市场，涨价和消费升级也在悄悄地进行。比如，名创优品原来是10元店，而现在它已经是几十元甚至上百元的大众精品专卖店。

　　因此，我们的判断是，目前中国市场消费升级的总趋势并未发生变化。但不排除因为短期经济下行压力加大、收入减少，导致很多人开始缩减开支，其中一部分人将原本用于升级的预算转向了性价比更高的产品。如果这种现象被称为"消费降级"的话，那也是支流、局部和短期现象。

　　对那些富起来的人群（尤其是高净值人群）而言，他们的购买力和需求仍然旺盛。只不过消费方向发生了偏移，大的硬件消费从别墅、豪车转向了游艇或飞机；产品消费从奢侈品、高档用品转向了医疗健康、旅行等高端服务，他们依然想把自己的生活过得更好。

我们来看一下BCG（波士顿咨询公司）2022年研究报告中的数据，预计从2022年到2030年，中国还将新增8000万中产及以上人口，持续给消费市场带来源源不断的推动力。而且，新增的中产及以上人口超过70%来源于中国一线以下城市——最多的新增中产人口将来自三线城市。

这意味着，当拼多多等电商平台凭借下沉市场消费力进入主流竞争赛道的时候，一些奢侈品集团也开始深入瞄准一线城市之外的市场购买力，店面拓展开始向新一线城市扩张，并进一步往二、三线下沉市场渗透。

BCG另一份对未来消费者的调查（《2023中国未来消费者报告：世代篇》）显示，数亿人口的中产阶层构成了强大的消费基础，令中国消费市场保持着强大的韧性。他们愿意为更高品质支付溢价，这种品质消费的势头横跨了大多数品类。

比如，针对"有机生鲜"产品类别，26%的受访者愿意选择价格升级；针对"医疗保健"行业这一数字则为27%。此外，人们对数码产品、个护家清、运动装备、丽人服务、护肤彩妆甚至大小家电、包装食品、休闲服饰等的预期价格上升的净比例全是正值，选择价格降级的类别并不是太多，仅有专业培训、到家服务、购房装修、奢侈品和汽车汽配等。

呈现在人们面前的是一种两极分化的市场格局。2023年全球奢侈品市场销售额同比增长了8%~10%，同时希音、拼多多的发展突飞猛进，说明市场正呈现"K"字形曲线：要么聚集高端的个性消费市场，要么瞄准低端下沉的基础市场，拼极致性价比，两者都可以活得很好。

不过，值得注意的是，后者虽然市场基数巨大，但一直都是长期存在的基础市场，在失去人口红利、土地红利和制造红利的形势下，仅凭低价的营销路线已经很"卷"很难。相比之下，高端市场对中国企业而言还是相对崭新的领域，一个正在迅速扩容的潜力市场，是值得充分施展和发挥的。

## 高端品牌"阵容"

这是一个历史性的机会，将自己的企业品牌化并向高端领域攀登。那么，接下来的问题是，中国企业能否抓住这个机会？

事实上这样的问题无须提起，因为近20年来有一批高端品牌正在中国崛起，如同仁堂、卡萨帝、慕思、华为、特仑苏、红旗、茅台、波司登等。

2023年，高端品牌实验室曾对中国表现突出的高端品牌进行了详细的梳理和研究，推出了"高端品牌TOP100"榜单。在首批名单中，华为手机、茅台飞天、卡萨帝、大疆、慕思、红旗、蔚来、方太、同仁堂、片仔癀、皇派门窗等43个品牌入选；在第二批名单中，理想、国窖1573、宇通客车、佰草集等14家品牌入选，入榜品牌总计57家。

在评选中，专家们发现，的确有一批高端品牌已经存在和崛起，它们构成了中国高端品牌的主流阵容。尽管有些并没有打高端的旗号，但事实上正朝着高端品牌顽强攀登。

其中，卡萨帝是高端品牌建设的佼佼者，也是一个现象级的成长案例。它诞生于被称为"夕阳产业"的传统家电业，是中国高端品牌的先行者之一。起初，它经历了一个相当长的痛苦过程，最初的十年一直处于亏损状态，但卡萨帝一直坚持投入，不断前行，终于在2016—2020年的五年间迎来爆发式增长，五年营收增长了6倍，不但突破了百亿元，而且为提升母公司海尔智家的利润水平做出了贡献。目前它已经有近300亿元的销售额，开始向全球市场挺进。

茅台飞天是高端品牌自然没有异议。它是目前市值颇高的贵州茅台（上市代码SH600519）的主力品牌，也是品牌评估机构品牌金融（Brand Finance）眼中的世界第一烈酒品牌。2022年，贵州茅台实现营业总收入1275.54亿元，归母净利润高达627.16亿元，接近行业的一半。利润率竟高达近50%，超过了世界所有的奢侈品集团！虽然，茅台的发展有一定的历史特殊性，但其高端品牌的超强地位毋庸置疑，这是面向市场、自立自强的结果。

华为如今更是中国近三年的现象级品牌。它原本是一家全球性的通信设备供应商，2011年决心赶上智能手机的时代大潮并向高端迈进。仅仅五六年时间，它在高端手机领域的猛烈进攻竟让全球风行的苹果手机喘不过气来。更可贵的是，面对超级大国及其盟友们的全球性连环打压，华为手机非但没有死掉，反而在2023年8月王者归来，让举国上下为之欢呼，世界为之震撼不已。2024年1月，市调机构Counterpoint Research公布了2023年全球高端智能手机销量榜，华为以5%的市场占比再度回到全球第三位。这是华为在经历了产能严重受限的4个月后所取得的显著成绩。

红旗汽车是被誉为"共和国长子"的一汽集团旗下品牌。数十年来，国家领导人的出访或对国外元首的接待，红旗车都是首选。这些显然树立了它无与伦比、难以撼动的高端品牌形象。近年来，红旗在产品、设计和品牌运作上有了相当大的改善，产销量大幅度攀升，正以全新的形象走入高端富裕群体，成为一部分人的心仪座驾。

相比之下，2004年诞生于东莞的慕思在创业伊始就确定了高端品牌的战略定位。在没有雄厚实力基础，也没有银行贷款和风投加持的背景下，2013年，慕思破茧成蝶已经成为行业领先的高端品牌，如今更是成为中国健康睡眠领域高端品牌的优秀代表之一。

慕思案例对中国民营企业的发展具有普适的研究和借鉴价值。对一个民营企业而言，生存是第一要义，因为实在亏不起——亏一年、两年可以，如果连亏三年可能就"关门"了。但慕思在考虑生存的时候时刻不忘理想，坚持锁定高端市场，实属不易。表面上看，这20年的时间里，慕思走得比较顺利，似乎比较幸运，但背后一定是智慧、选择和努力的结果，一定有着以小博大、以弱胜强的方法和商业智慧。

很多没有到过慕思的人都说，出门在外，机场、高铁到处都能见到它的广告，因此有人将慕思品牌的成功归功于广告做得好。事实并不是这样，如果到位于广东东莞的慕思超级工厂参观就会发现，它的很多基础工作做得相当扎实。

20年来，慕思一直专注于睡眠健康领域，做"一米宽，一万米深"的事情。这种专注、坚持和在品牌方面的长期耕耘取得了丰硕成果。如今，它已经成为能够跟国际高端睡眠品牌抗衡的企业。

本书作者之一、高端品牌实验室的发起人段传敏在研究中发现，想要在中国评选出符合标准的 100 个高端品牌并不轻松。高端品牌实验室的研究项目是"高端品牌 TOP100"，但整整一年，竟然找不到满足条件的 100 个高端品牌，只好本着宁缺毋滥的原则，一批一批审慎地推出。

# 第二章

## 产品力修炼

METHODS
FOR BUILDING
EXCELLENT
BRANDS

在中国企业界，将品牌营销视同传播是一个极大的误解。

这与大众传播时代媒体的超强威力有关，也与20世纪90年代带来的强烈记忆有关。那时，一个事件、一个广告，甚至一篇文章都可能带来一飞冲天的知名度，为企业带来巨大的利益。那时品牌的核心建设就是争创"名牌"。因此，营销被错误地等同于传播，仿佛有了知名度就有了一切。

把产品放到第一位，既是正本清源，也强烈昭示产品是品牌之本、企业之基。

产品是每一位企业家思考的本能，也是很多企业家创新的核心，他们已经为此投注了很大的精力并取得了一定的优势。关于产品力修炼，今天的我们怎么强调都不过分，对于高端品牌尤为如此。

## 重新"发明"

20世纪中后期到21世纪初，作为成熟度最高的行业之一，家电行业经过多轮竞争和价格战洗礼，到最后，彩电都卖到了"白菜价"，一台售价一两千元的产品只能赚三五十元。利润之低令人吃惊。

那时的大多数企业都在追速度、上规模,以为有了规模就有了实力,胜者就可以称王,所以不断在价格战上做文章,以极致性价比在市场上制造增长"奇迹",鲜有企业在创新和核心技术上真正发力。

2006年,诞生之初的卡萨帝面临双重压力:一是当时的高端市场被外资品牌占据;二是"家电下乡"政策实施后令低价竞争蔓延至县乡等下沉市场。可谓前有困难重重,后有市场诱惑,选择高端品牌之路似乎有些"不合时宜"。

在此之前,除了白酒行业、乳品行业刚有高端品类的尝试,科技家电类企业无人敢踏足高端品牌领域。

卡萨帝高层充分认识到,这是一条"难而正确"的道路,既然选择了高端战略,就要坚定前行。彼时其母公司海尔虽然早已深谙品牌之道,但它并没有从擅长的传播着手,而是埋下头来,从重新研究家电着手——他们称之为重新"发明家电"。

在很多人看来,家电行业同质化竞争已十分严重,整个家电产业已日薄西山,产品创新能有什么空间?

一开始,定位于"家的艺术"的卡萨帝,将设计和颜值作为高端产品的突破点,依托全球的设计中心和研发机构展开协同创新设计,很快就取得了突破。2006年,首批产品设计荣获"中国创新设计红星奖";次年,卡萨帝洗衣机荣获德国汉诺威工业论坛设计中心颁发的具有"设计界奥斯卡"之称的"iF设计大奖";2008年,卡萨帝意式三门冰箱代表中国企业首夺"红点至尊奖"、美国《商业周刊》(*Business Week*)与美国工业设计师协会(IDSA)共同评选的2008年"国际杰出设计奖"。此后,坚持原创设计的卡萨帝成了国内外大奖的常客,不但多次收获世界三大工业设计奖,更成为行业内获得国际设计大奖最多的高端家电品牌。

工业设计的创新很快带来结构的变化,进而在技术和产品上带来重大突破,卡萨帝成为诸多新产品的发明者和新品类的开创者。2007年,卡萨帝发明了"法式对开门冰箱",开启了冰箱的全新品类;2008年又推出"意式抽屉式冰箱"新品类,被欧洲媒体评价为"会被对手模仿的产品";2015年,卡萨蒂发明了全球第一台一机双筒"分区洗"洗衣机——双子云裳,解决了大人和儿童衣物、内衣和外衣、深色和浅色衣物分开洗的用户需求;2016年,卡萨帝发明行业首台拥有干湿自控、净化$PM_{0.3}$等原创科技的云鼎空调,开启生态呼吸养护新时代……

卡萨帝以其优秀的创新实力引起全球家电品牌的关注,它似乎找到了市场创新的金钥匙,那就是用户视角。在这一理念指引下,通过不断洞察高端用户的痛点和需求,它做到了对家电产品的重新"发明",整个研发似乎进入了全新的、无比广阔的异次元空间。

比如,法式对开门冰箱的研发针对的就是欧美地区的主流高端冰箱的消费痛点。卡萨帝发现这些冰箱无法容纳火鸡等体积较大的食物,要提前切割才能存放进去。而卡萨蒂针对性推出的产品则可以突破传统对开门冰箱冷藏室与冷冻室左右竖式分列的空间局限。再如,传统的单筒洗衣机效率低,混洗易导致交叉感染,卡萨帝以此为突破口,首次提出了"分区洗护"的理念,打造了全球首款具有上下双筒的双子云裳洗衣机,开创了"分区洗"新品类。

别小看一个结构设计的变化,它往往会使产品研发难度大幅提高,同时它也会带来技术的重大突破。很快,卡萨帝就进入了研发的深水区,向着原创核心技术不断挺进。比如,四国工程师协同研发的冰箱MSA控氧保鲜科技,可以让存储于卡萨帝冰箱中的食材7天新鲜如初;洗衣机的"养护空气洗"支持"温、风、湿、速、时"五度数控;空调的射流匀风科技获得445项国内外专利;热水器的"瀑布洗"凭借涡轮增压科技水压可增加70%以上;烤箱凭借FPA湿烤技术加速熟化,蒸汽辅助保持食材纤维内部水分平衡;冰吧的"四维生态果藏"科技能在行业领先实现12℃暖藏;等等。

可以说，卡萨帝建设高端品牌的 18 年，也是科技大爆发、从"追赶全球"到"全球赶超"的 18 年。目前，卡萨帝已是一个掌握多项全球领先核心技术、产品创新引领世界的高端品牌。它在全球拥有 14 个设计中心、28 个合作研发机构，跨越多个国家的 300 多位设计师组成的团队和近千项专利。其背后的海尔智家更是拥有全球智慧科技集团的雄厚实力：拥有 12 项中国专利金奖，全球发明专利 5.9 万余项，智慧家庭累计公开专利 2.3 万余件……

## 品类创新与超越

法式对开门冰箱、意式抽屉式冰箱、一机双筒"分区洗"洗衣机是单品的品类创新；率先推行家电套系化，并融入家居空间、家装场景的鉴赏家套系、光年平嵌套系等则是品类的不断超越。从卡萨帝的案例可以看出，高端品牌产品力修炼的核心是必须具备品类创新和品类超越的能力。

慕思也是如此。早在 2004 年成立伊始，它就没有把自己定位为一个床垫企业，而是聚焦"让人们睡得更好"的使命，重新定义了一个全新的品类——健康睡眠系统。它不只是向消费者提供一个传统制造的产品，更是为消费者提供全面呵护,且可量身定制的健康睡眠系统。通过此举,它不但成功跳脱了原来竞争激烈的床垫市场,还找到了进击高端市场和健康睡眠领域的突破口。

它的具体做法如下。

一、供应链全球化。刚创立的慕思就放眼全球,成为全球睡眠资源整合者,让全球优质的供应链企业为慕思"代工"。世界一流的制造商如德国 AGRO International GmbH& Co. KG、比利时 Artilat N.V. 和英国 HS Products Ltd 等,都与慕思保持着长期的战略合作关系,他们共同携手,不断推动产品结构、功能、材质及质量升级。近年来,慕思又先后引进德国米勒公司 3D 材质、日本爱信精机 Fine Revo 太空树脂球、意大利 Technogel THIN 凝胶等多种高端材质资源。这种合作不但带动了品质的快速升级,更为产品创新提供了广阔的视野和更多机会。

二、研发跨学科。与其他床垫或家居企业迥异的是,慕思是从健康睡眠这个大视野进行技术研发的,它不但要研究床垫、床具等具体的行业产品,还要研究睡眠系统、研究睡眠与健康的关系。因此,它成立了由人体工学、运动生理学、睡眠医学等多个交叉学科专家组成的全球研发团队,通过不同领域的跨学科合作,不断探索睡眠科技。这也令慕思在寝具行业甚至家居行业独树一帜。

从慕思的案例可以看出，它和卡萨帝一样，坚定地贯彻以客户为中心的理念，不是让人适应床，而是"让床适应人"。

不同的是，寝具类产品比家电类产品更具调整的空间。慕思自一开始就将产品套系化、场景化，同时较早展开了个性化定制的营销模式。更重要的是，与"健康"价值的关联使其不但开拓了睡眠系统的新品类，更为这一品类赋予了独特的利益价值和精神价值。这不但令慕思创新了独一无二的品类，更使其品牌具有物理（品类）层面和精神（品类）层面的双重延展意义，从而跳出了原来传统床垫品类的限制，甚至跳出了家居行业的范畴，成为一个高端睡眠科技品牌。

市场就像汪洋一样，既波澜壮阔又无孔不入，只要存在丰厚的利润，一定会吸引更多的竞争者加入，真正意义的空白市场、"蓝海"市场是不存在的，或者说只是阶段性的。因此，企业每进入一个行业，基本上都要面对"红海"竞争的局面；即使一时进入了发展较快的"蓝海"市场，资本一看有利可图就会加速助推，不到一年市场就会变成"红海"。

比如，新能源汽车曾经是蓝海市场，现在已经迅速翻"红"，卷得十分激烈。2023年，除了以传统车型为主的比亚迪、上汽集团、长安集团赚钱之外，不少新能源汽车"新势力"都遭遇了巨额亏损，为什么？因为它们必须向市场不断投钱，抢占市场的最快方式就是"烧钱"和价格战。因此，行业很快陷入价格战泥潭。

再如，预制菜市场也是如此。近几年，预制菜开始受到越来越多餐馆的追捧，迅速引来四面八方的创业者和投资者。相关数据显示，2021年至2022年预制菜领域共计发生50余起融资事件，而2020年才10余起。预制菜市场红火的同时也"卷"得厉害。

但并非没有机会，比如在这一领域打造高端品牌。相比有形的物理空间的品类创新，认知精神空间的"蓝海"市场十分广阔，且不容易遭到复制。其中，高端品牌因为难度较高、竞争者寡而成为"深蓝"市场。

在看起来很卷的新能源汽车领域，为什么售价上百万元的仰望和五十万元的问界M9能够以高端汽车的形象横空问世，而且一上市就获得了数万份订单？这是因为它们以硬核技术打破了人们对新能源、智能品类的传统印象，成为其中顶尖的存在。

高端品牌的"高"明之处在于，它以更强的技术、更优的服务、更高的标准和更好的品牌定位创造了一个全新的产品和品牌，不仅完成了某一维度上的品类创新，而且在某种程度上完成了品类超越。比如仰望的诸多黑科技使其成为"能游泳的汽车""爆胎能保安全的车"，而问界则成为"智能化程度最高的车""隐私性能惊艳的车"等。

很多高端品牌都具备这种特质，它们其实是在开创一个新世界。只不过，科技类的企业必须依赖技术内核，奢侈品类别的企业则更依赖精神武装，即品牌营销所带来的个性满足。

最明显的是手机业的变迁。

曾经，摩托罗拉是手机的创立者，占据着市场绝对的领导地位。后来，诺基亚把它打败了。为什么？因为诺基亚提出科技以人为本，推动手机进入寻常百姓家。它重新定义了手机，不再将之只视为一个通讯工具，而是将之作为年轻人的玩具。

再后来，诺基亚又被苹果一夜之间颠覆，因为后者将手机的定位再度颠覆——它不再只是一个可以玩的通讯工具，而是彻底变成了一个超级智能终端，不但集成了电脑功能，还集成了互联网、音乐、媒体、游戏等，使自己变成一个可以无限延展的平台。

苹果之所以一夜之间崛起，绝不仅是品类的局部创新，而是完成大跨度的品类超越。今天来看，它的确带动了伟大的产业和社会革命，不但催生了很多行业（如手游），还将互联网时代推进到移动互联网时代，诞生了今天的抖音、拼多多等。现在，我们几乎每个人都离不了手机，它不仅可以打电话、拍照和玩游戏，还可以阅读、支付、开会、管理——各类App不但可以管理成年人，连小孩子都"管"了。这是多大的产业效应和社会效应！

超越品类的核心不是定位的奇思妙想，或市场的投机取巧。一个企业能做到第一品牌，并且持续领先，一定不只是因为它的营销厉害，而是它具有强大的产品力，获得了消费者的认可与推崇。

## 产品力"金三角"

在长期的企业实践和观察中，我们总结出一个打造产品力"金三角"的方法，即关注用户痛点、突破点和卖点三个关键点。

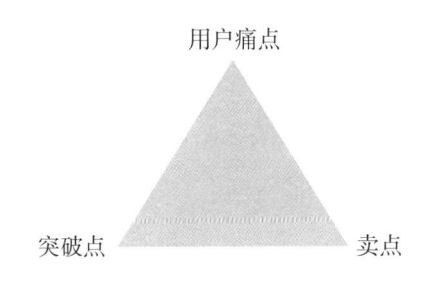

图 2-1　产品力"金三角"

"用户痛点",就是市场用户在产品使用过程中最为痛苦的地方,或未被满足的需求。企业主一定要找到这个点,产品研发才有可能获得突破。

"突破点",就是突破用户痛点,并在产品研发中以有效的方案或功能予以解决。

"突破点"解决之后,剩下的工作就是提炼核心"卖点"了。

如果这三个关键点都能实现,那么你的产品力就不会太差,建设高端品牌就迈出了坚实的第一步。

举个折叠屏手机的例子。华为之所以能进入高端品牌之列,它的折叠屏手机起了关键作用。自 2019 年推出首款折叠屏手机开始,华为就一直在国内折叠屏手机市场处于领先地位,据艾瑞咨询发布的《2024 年中国折叠屏手机市场洞察报告》显示,2020—2023 年,华为连续四年占据半数以上折叠屏手机市场份额。

那么,当初它是怎么发现用户"痛点"的呢?

很多用户都有过这样的体验:小屏幕手机看视频极不舒服,看得久了就可能把眼睛弄坏。尤其很多企业已将商务与手机联系在一起,包括企业家、管理者在内的商务人群都希望能在手机上直接办公,而不是外出的时候带着手机又开着电脑。所以,很多用户的一个隐藏痛点就是屏小,而为了携带方便，它需要被折叠起来。一旦解决这个"痛点"，产品价格即使卖到一两万元依然会有高端群体接受，因为这些人愿意为此付出更高的价格。

那么"突破点"在哪里？

折叠屏不仅需要柔性屏技术作为基础，更需要硬核的折叠技术。内折还是外折？铰链如何突破？如何保证反复折叠而不伤屏？外部的柔性屏技术依赖于产业进步提供的可能性，但即使有了可能性，企业如果不能研发出独特而耐用的技术，要想实现手机屏幕折叠还是非常困难的。

接下来就是提炼"卖点"了。仅仅有硬技术的突破还不够，高端产品力的实现要完成另外两大突破：功能的突破和颜值的突破。比如，2019年华为首发的HUAWEI Mate X产品，除了实现大屏的突破和革命性的铰链技术，还实现了"智慧分屏""新一代徕卡影像系统""镜像智拍""超级快充"等功能。

另外，它还创造出鹰翼式的折叠设计，带来全新形态的美学突破。对高端品牌而言，产品的颜值设计相当重要，其重要性有时甚至会超过技术和功能的突破。

比亚迪近几年发展迅猛。营收从2021年的2161亿元猛涨到2022年的4200亿元，再到2023年的6023亿元，其新能源汽车销量历史性超越特斯拉成为全球冠军。2023年全年归母净利润300.41亿元，同比上升约80.72%。为什么规模巨大的比亚迪仍然可以取得这么高的增长速度，同时利润率也在大幅度攀升？

产品力的提升是关键，这不仅让比亚迪成为性价比最好的品牌之一，还支持了其向产品售价更高、价值链较高的位置攀升，推出的高端品牌"仰望"更是一鸣惊人。

其中的原因有三：

一、掌控供应链。比亚迪以做电池起家，后来才进军整车业务。它注重规模效应，自主品牌与代加工制造模式并行；同时它还比较"贪婪"，为了追求极致性价比，力求从供应链的所有环节"拧毛巾"。这使得比亚迪发展出令人生畏的供应链业务和能力，其供应链涉及电芯、MCU、IGBT、三电系统、热管理、传动、车身、电池回收、充电设施等领域在内的所有核心零部件。其中，比亚迪的刀片电池凭借其创新设计，在安全、续航、功率等方面以优异的性能表现领先全球，获得了广泛的认可与赞誉。这无疑对其产品品质和企业品牌形象价值起到不小的拉升作用。

二、提升颜值。比亚迪从国外某个奢侈品牌挖来设计总监沃尔夫冈·约瑟夫·艾格，打造了一个大咖云集的设计"天团"——专注豪华车型的巧匠米开勒·帕加内蒂负责内饰设计，曾就职于西班牙法拉利的胡安马·洛佩兹担任外饰设计总监，开启了比亚迪在设计方面的新纪元。所以从"汉"开始，比亚迪产品外观设计越来越美观，现在已经能与那些国际品牌媲美了。

三、研发核心技术。早在2008年，比亚迪就瞄准了混动技术，推出了"第一代DM混动系统"，并且搭载在"比亚迪F3 DM"上，既强化了节能又达到了快充效果。这比2012年上市的本田i-MMD混动系统早了四年。2013年，比亚迪推出的第二代DM"三擎四驱"混动系统则把其性能进行了大幅度提升：输出近400kW的功率，综合扭矩可达到800N·m，实现了SUV百公里加速4.9秒。

新能源汽车最核心的是"三电"：电池、电机、电控。目前，比亚迪的这三大核心部件已做到全球领先。它拥有自研自产IGBT功率芯片，且已进化到第五代，2022年前三季度国内市场占比高达21.1%，仅次于第一名的英飞凌。

正因为比亚迪在设计、技术以及产业方面的深厚积累，其2023年推出的高端豪华品牌仰望U8一经问世就成了"天花板级"的产品。它的外观漂亮仅在其次，最重要的是它解决了新能源车续航里程和安全性两大痛点。此外，仰望U8还拥有六大核心技术——易四方、云辇、刀片电池、超级车身、智能座舱、智驾辅助，不但具有提速更快、续航里程达上千公里、超级快充等能力，更有横向移动、原地掉头、适应极限场景等黑科技。

仰望 U8 的出现,让我们看到比亚迪在科技领域的大爆发,也让客户感受到极致安全、极致性能的极致体验。仰望 U8 甫一问世就受到世界汽车巨头的围观和惊叹,即使价格高达 109 万元,在短短几天的汽车展会期间也收到了 3 万辆的订单。

尽管仰望 U8 反复宣称"其他的任何娱乐性质、探险性质的用户主动进入深水区的行为,我们都不鼓励",但仰望的应急浮水功能实在太酷了。仰望 U8 赢得的巨大战果鼓舞了比亚迪。比亚迪计划 2024 年及之后还将推出多款高端豪华车型,凭借技术实力和产品力在高端市场取得领先地位。其董事长王传福表示,随着电动汽车品牌的国内市场份额不断提升,中国品牌有望重塑豪华车市场格局。

## 整合创新

有人又会问,上述举的例子都是实力雄厚的大品牌,那么,中小企业该如何提升产品力呢?

这里再纠正一个观念,研发创新不等于孤注一掷、死磕到底。它有很多投入低、见效快的方法。

慕思的做法是整合创新，快步迭代。

表面上，寝具行业属于传统行业，床垫已经诞生了200多年，似乎并没有可作为的创新，仅仅是弹簧加海绵，似乎没有技术可言，这种品类的产品又如何实现突破创新？

如果你有上述惯性思维，那才是最要命的，因为这意味着你永远无法改变。

创业伊始，慕思将自己定位为"全球健康睡眠资源整合者"：善于整合运用世界上专业技术、机构和人才，不断汲取其精华，同时在前进过程中不断地进行自我完善和产品迭代。这种整合思维使"新生儿"慕思站在巨人的肩膀上，拥有了全球视野与能力。

"好风凭借力，送我上青云"，即使华为的折叠屏手机，其屏幕也不是自己制造的；苹果里的诸多技术和功能，也是乔布斯通过全球整合产生的。

我们来看看慕思是如何实现整合创新、快步迭代的。

一、通过技术资源整合实现自身技术突破。2020年慕思推出的T10智能床垫起售价37488元，被慕思誉为"里程碑"式的产品。它不但拥有智能软硬调节、左右分区设置的功能，还应用了AI智能、人体工学、大数据等前沿科技，能够自动监测到用户的身体参数，实现自适应匹配用户的身形，以达到高契合度的睡感。此外，慕思T10智能床垫还能对用户心率、呼吸、体动、打鼾、深浅睡眠等数据进行精准监测，帮助用户明晰自身的睡眠问题并加以改善。

除此之外，慕思还和格力联合研发了"智能睡眠空间"，通过慕思智能寝具与格力智能空调、加湿器、空气净化器等产品互联，打造出一个完整的智能卧室场景。

在成长的道路上，不断与强者为伍，通过技术资源的整合快速实现自己的产品迭代，是慕思产品力不断突破和升级的奥秘。

二、通过设计师资源整合实现产品颜值突破。早在2007年，创立仅3周年的慕思就开启了全球人才整合战略，引入法国籍知名设计师莫里斯（Morris）作为首席设计师。此后陆续引进全球优秀的设计师，如英国的马修·阿凯特（Matthew Arquette）、丹麦的詹姆斯·博加·尼尔森（James Boganik Nielsen）、法国的莫瑞斯·巴里朗(Maurice Barilone)等，这些设计师为慕思设计了很多国内外畅销的高端产品。

随着慕思在中国市场以及国际市场的成功，又进一步引了更多享誉业界的设计师、大牌跨界的设计师，比如享誉世界的美国纽约世贸中心重建总设计师丹尼尔·里伯斯金（Daniel Libeskind）、曾服务PRADA和CHANEL的斯蒂芬妮娅·卡扎罗（Stefania Cazzaro），以及GUCCI的前设计总监阿古斯蒂娜·索伦蒂尼（Agustina Sorrentini）等。

2023年，慕思宣布与米兰理工大学POLI.design设计学院达成合作并成立"慕思欧洲设计中心"，成立"设计国际梦之队"。这支"设计国际梦之队"包括ADI意大利工业设计协会主席卢西亚诺·加林贝蒂（Luciano Galimberti），米兰理工大学POLI.design设计学院校董会主席马特奥·因加拉莫（Matteo O. Ingaramo），CORRADO DOTTI米兰工作室首席设计师、GFI合伙人及创意总监科拉多·多蒂（Corrado Dotti），以及爱马仕、B&B、CASSINA等奢侈品大牌众多设计师。慕思欧洲设计中心一方面要追踪世界设计的潮流，另一方面要把中国文化表现出来，使产品符合国人的审美。

三、通过生态资源整合实现材料和功能突破。对比一下，我们就会发现，德国、日本企业与中国企业有很大的不同。德国汽车公司只做整车而不是每个配件都做——不会自己做轮胎、轮毂，它们各有自己的生态链伙伴提供服务；日本也是如此，许多企业做了上百年只专注做一个部件。但中国企业不一样，做零部件的想进军汽车行业，做汽车的恨不得将其中的每个零件都变成自家生产的。

其实，最好的方式是与供应链伙伴合作创新，因为你不可能什么都擅长，而且一旦你有了自己的供应链就会产生路径依赖，阻碍创新进步。

创业之初，慕思就与瑞士DOC、比利时Artilat和Rako、德国 Otten、意大利 Figino、意大利 Bedding S.R.L 和 Lamborghini 等国际突出的寝具供应商建立起了长期合作关系。通过这种优质生态资源的整合，一方面保证了高品质，另一方面快速实现了产品功能上的突破。

2018 年，慕思寝具与丰田集团爱信精机合作，开发出太空树脂球材质的床垫，它打破了传统弹簧和乳胶床垫的单身形变方式，能 360 度全维度形变、灵活支撑、充分受力、充分释压，并具有环保、耐久等优点。这是慕思整合全球优质制造资源、材料资源和智能技术资源的又一成果，媒体称它"掀起了一场睡眠的芯革命"。

从 2004 年到今天，慕思智慧睡眠系统已经进化了八代。从第一代的标准床垫，到私人定制，再到现在的 T11 智能睡眠系统。如今的慕思可以实现夫妻两人睡的是同一个床垫但左右两侧能定制不同的特性，即床垫左右两侧参数不一样。

睡眠科学研究发现，人的 8 小时睡眠分 5 个阶段，平均 90 分钟一段。90 分钟里面分别有浅睡、深度睡眠、梦睡眠等几种情形，其中深度睡眠和梦睡眠的时间是最有效的睡眠时间，也是对睡眠质量有实质改善的睡眠时间。如果你在 8 小时中一直进入不了深度睡眠，次日醒来可能会感觉头痛。

如何进入深度睡眠？研究表明主要与床垫有关。软硬度合适的时候，肌肉很快就会放松下来，不合适的时候就会经常翻身，本来快到深度睡眠了，一翻身又到浅睡了，因此深度睡眠的关键是减少翻身次数。

经过八次迭代：标准床垫→私人定制→智慧睡眠系统

| 第一代 | 》 | 弹簧床垫时代 |
| --- | --- | --- |
| 第二代 | 》 | 排骨架+床垫时代 |
| 第三代 | 》 | 集人体工程学、睡眠环境学、智能化技术于一身 |
| 第四代 | 》 | 360度智能测试系统 |
| 第五代 | 》 | TS睡眠测试系统 |
| 第六代 | 》 | T9智能睡眠系统 |
| 第七代 | 》 | T10智能睡眠系统 |
| 第八代 | 》 | T11智能睡眠系统 |

图 2-2 慕思智慧睡眠系统

慕思在研究中进一步发现，想要减少翻身次数，就需要每个人、身体的每个部位的重量压力跟床垫的软硬度高度吻合，这意味着要针对每个人进行量身定制。因此，慕思很早就提出了私人定制的品牌主张。

慕思在早期是用排骨架测算身体曲线的，消费者要躺上去 10 分钟才能完成测算；后来就改用专门的测算仪器，消费者要站在上面 3～5 分钟，用自动扫描的方法来测定；到了现在，慕思推出了 AI 智能床垫，消费者躺上床垫后仅用

40秒即可扫描完毕、自动调节，还可以测出实际深度睡眠的时间。慕思T11智能睡眠系统可以通过AI大数据检测自动实现"床适应人"，这种智能自适应可以随用户需求而变，实现软硬度自动调节、智能止鼾、科学分区、睡眠监测……

在不断的技术迭代和功能升级下，慕思智能睡眠系统的价格并不是趁机一路上调，反而从早期的十几万元到上百万元，到中期的十几万、二十万元，再到现在的T10、T11仅需4万~9万元，实现了用技术创新"把价格打下来"。2013年，某位著名企业家购买的一款慕思智能床垫，最高售价是140万元，因为电机是德国进口的，成本非常高；现在，经过不懈努力，慕思实现了电机国产化，T11智能床垫仅需4万~9万元。

在慕思看来，高端品牌同样可以做到高性价比，不同于为低价而放弃品质的做法，高端品牌是通过整合创新把原先更昂贵的价格"打下来"后，让用户依然可以享受到优质的产品。所以，高端品牌绝对不是一味地标榜高价。

## 让用户尖叫

产品力修炼要求产生超出用户期望的体验，让用户尖叫，产生口碑，产生流量。

根据我们对中外品牌的研究，产品力修炼有着三重境界。

第一重境界是匠心。它是一种极致的长期主义，背后则是面对时间变迁和投机诱惑时的耐心与恒心。

匠心精神在许多具有悠久历史的品牌身上表现得非常明显，如路易威登、茅台等。它们往往强调珍稀材料、传统工艺和精益求精，突出传递产品的高品质和匠人精神。

茅台是这方面的典型。近几十年来，茅台人遵循自然时令的规律，严格按照二十四节气安排生产作业进度——"端午制曲，重阳下沙"，并采用复杂的"12987"酿造工艺——一年生产、两次投料、九次蒸煮、八次发酵、七次取酒，同时还有五大流程、30道工序、165个工艺操作环节，每一道环节都严守质量关，持续完善产品追溯体系和"365"质量管理体系。简单想一下，生产一瓶茅台酒需要五年的时间和这么多的工序和环节，这样的酒能不珍贵吗？

举个例子，20世纪70年代，茅台期望在异地复制一个自己。为了完美复制工艺，地点选在距茅台镇不远的遵义市汇川区石子铺，两地相隔仅100公里左右，茅台把原厂的核心骨干及相关技术设备搬到了这里，历经十年，酿造的复制品被赋予了93.2的高分，而作为对照品评鉴定的茅台酒，得分为95.2分。但最终因为这一点点的差距，没有冠上茅台的帽子，这个复制酒厂成了今天的"珍酒"，而非茅台的第二工厂，可见茅台对质量的要求之严苛。

正是这种对卓越品质有如信仰般的匠心精神，茅台才在数十年的时间长河中"酿造"出独一无二的高端品牌。

第二重境界是贴心。它是一种极致的用户主义，想用户之所想，急用户之所急。

前述中的卡萨帝和慕思都是这样的代表。它们共同的特点是坚持以用户为中心的理念，正是这种理念驱动卡萨帝围绕用户需求对家电进行了重新的"发明"，驱动慕思对自己的商业模式进行了重构，即品牌主导，全球整合，私人定制，重视服务，同时实现产品品类的行业超越与价值超越。

以用户为中心不仅是一种时髦的理念，也不仅仅是短期的战术考量。对于具有现代工业体系的企业而言，它是一种很难企及的理想范式。这是因为，这种工业体系基本上是企业主导的B2C模式，消费者更多是被动的接受方。虽然近年来，企业出于竞争的需要不断重视和挖掘用户的需求，但总体的组织结构、运行模式并没有从根本改变，想要进化为C2B模式难比登天。

但一旦完成了这种理念翻转和"基因"重构，带来的变化堪称翻天覆地。仅以卡萨帝为例，如果沿用传统的工业理念，很多产品已发展了几十年、上百年，功能和形态已相当成熟；但如果换成消费者的视角，就会立即展现出广阔的改进空间，就像自己很难发现自己脸上的雀斑，但如果有了一面镜子，立即就能清晰地看到一样。

第三重境界是"嗨（high，开心、尽兴）"心。它是一种极致的结果主义，即竭尽全力做出让用户尖叫的产品。

就像营销大师菲利普·科特勒所说的："在注意力缺乏和信息碎片化的时代，品牌需要为消费者创造'惊叹时刻（Wow Moment）'。"作为承载品牌的主体，产品也要努力达至这一境界。

这一思想在互联网品牌身上体现得尤为明显。其中，小米创始人雷军的七字诀——专注、极致、口碑、快——不但深刻影响了许多互联网创业者，也引起了传统制造企业对自我运营的重新审视。

对口碑的重视和对极致产品的追求，使互联网企业一开始就将产品置于与用户沟通的中心位置，制定了很高的创新目标。用户成了产品的设计师、体验官，也成了产品的创造者；同时，他们也是产品的使用者，并在使用的同时成为口碑制造者和传播者。

产品力修炼只有达到这种境界，才能在尖叫的用户中产生口碑，用户在使用之前、使用之后才会想着推荐给他的朋友、家人。

2023年，慕思融合大数据、AI技术，最新推出的T11 PRO智能睡眠床垫就为消费者提供了更加健康、舒适的极致睡眠体验。它搭载了首创的"潮汐"算法，打造自适应调节和睡眠监测等功能，可以实现定制化、智能化的睡眠。它借助左右两侧分布的各9组独立气囊组件，自动识别人体各部位位置，并根据用户的不同体型、不同睡姿，动态调节肩部、背部、腰部、臀部和腿部等各身体部位的软硬度支撑，而且，还支持左右独立调节，满足夫妻睡眠要求的独立睡感。

在第58届国际消费电子展（CES 2024）上，该产品与全球数千家科技公司产品同场竞技，凭借创新设计及先进技术斩获"智能家居"和"数字健康"两个类目的CES创新大奖，并被TWICE Award授予"CES最佳选择奖"荣誉。值得一提的是，CES是全球最大、影响最广的消费类电子技术年展，慕思获奖充分印证了慕思融合大数据、AI技术打造的智慧睡眠产品已走在了全球健康趋势的前沿。

华为手机也是依靠产品力实现逆袭的案例。

2011年，面对小米的爆火，华为正式将手机纳入核心业务，并且做出以下三个调整：在产品上，从低端手机转向高端手机；在市场上，从无品牌转向自主品牌；在用户重心上，从运营商转向消费者。

之前华为主要从事面向 B 端的通信业务，手机只是配套的部件，且通过运营商销售，产品价格低廉、表现平庸。

转型是全方位的，因此，对华为的挑战巨大。

华为将对产品和关键技术的掌控作为战略突破的切入口，认为"产品是品牌的最强支撑，是企业的投资主线"。余承东一方面抓消费者体验，另一方面抓芯片开发。2012—2013 年，华为重点投入研发以及产品的打磨，以 3000 元档位为目标开始冲刺。

在产品方面，华为做出了几个重大改变：

一、围绕目标消费者关切的核心功能："薄 + 大 + 摄 + 安全"，不断极致进取。2013 年，华为推出的 Ascend P6 机身厚度仅 6.18mm（双卡版为 6.48mm），是当时全球最薄的智能手机；9 月发布的 Mate 7 主打安全，其最大的特色是首款以按压式指纹识别安卓手机，对标苹果；2014 年，华为与徕卡达成战略合作，主攻摄像，其成果 P9 于 2016 年正式发布，一下将主要对手甩下了几条街；2019 年，华为推出折叠手机 Mate X 大大强化了华为的大屏和高端地位；至于 2023 年王者归来的 Mate 60 Pro 则更不必说了，在没有正式发布的情况下竟然一路缺货，直接在第四季度斩获了 47% 的增长速度。

二、重视设计，关注消费者体验。华为手机一直以来都以其创新的设计著称。它不仅追求技术上的突破，更注重将时尚与实用完美结合，为用户带来独特的手机体验。被誉为典范的当然是其与保时捷设计的战略合作。早在2016年10月，华为Mate 9保时捷设计三款旗舰机，国内售价高达8999元，引发强烈的关注，大大提升了高端品牌形象。后来，华为相继发布了Mate 10保时捷设计、Mate RS保时捷设计、Mate 20 RS保时捷设计三款机型，国内售价达到12999元人民币。

三、核心研发，占据战略控制点。华为进军手机一方面要求必须赚钱，另一方面还要占据战略控制点，也就是说，它立足于把命运牢牢控制在自己的手里。因此，华为很早就开始了芯片技术的研发。2014年，华为Ascend P6s带着全新芯片麒麟910问世，开启了麒麟芯片的崛起之路。同年，华为Ascend Mate7之所以获得成功，其搭载的麒麟925功不可没，而市场上的几个主要对手则基本被表现很差的高通骁龙810处理器给拖累了。

华为进行的全球调研显示，2012年前后其品牌关键词基本是"低价""买得起的"，到了2018年前后已经演变为"值得信赖""创新""高端""设计感""艺术感"等。也就是说，仅仅用了六年时间，华为就实现了从低端向高端的品牌战略升级。

其中，宣传并不是华为工作的重点，在早期更是如此。有人曾总结华为的打法是"产品、研发和供应链能力在前，品牌策略在后"，营销投入主要集中在产品上市营销的建设上，以此来帮助产品销售。到了2014年前后，华为才开始进行一些纯品牌营销的探索，2016年前后才开始学习国际品牌，加大对长期品牌的资产投入，尝试做全球性的、标志性的、高端化的营销活动。

如果没有品质过硬到令人尖叫的产品，华为何以如此之快地崛起，不但成长为一个全球高端品牌，还能撼动智能手机开创者苹果的江湖地位？

现在，我们进入任何行业，都将面对一个高度竞争的市场，甚至是竞争得一塌糊涂的红海市场。同时，广告流量非常密集、争抢用户已进入白热化，想要成就一个高端品牌，如何选择突破口？显然，产品力是核心和关键。企业要竭尽全力，让产品自己"说话"，让产品本身产生口碑和"流量"。这是高端品牌破局高端市场的利剑，也是其大获成功的基石。

## 问题与思考

1. 你公司经营的产品品类是什么？消费者最大的痛点是什么？竞品公司无法解决而你公司解决后会产生巨大影响的痛点是什么？

2. 解决此痛点，需要做哪些技术突破、功能突破、颜值突破？应跨界整合哪些行业、哪些跨领域的资源？

3. 产品功能卖点是否易体验？是否超出用户的期待？推广卖点提炼得是否易懂易记？

# 第三章

## 品牌力修炼

METHODS
FOR BUILDING
EXCELLENT
BRANDS

## 品牌自创流量

产业"微笑曲线"理论告诉我们，相比生产制造带来的低附加值利润，优秀的品牌营销会带来较高的附加值。高端品牌当然更是如此，它会带来更高的附加值，因此也是众多品牌向往的目标。

华为的经验表明，即使有超强的产品力，也不能取代品牌宣传的力量。尽管在这方面华为显得有些后知后觉，但一旦意识到这一点，华为的动作不但精准、凌厉，而且"高"级满满。

2015年，一首名为"Dream It Possible"的英文歌曲横空出世，它从诞生那天起就与华为紧紧地捆绑在了一起。歌曲演唱者是有着"小阿黛尔"之称的洛杉矶歌手德拉茜，华为花费8000万元巨资，买下了这首歌的英文版权和中文版权，指定张靓颖来演唱，张靓颖与著名词作人王海涛共同填词完成了这首歌的中文版《我的梦》。

这首歌不但强烈传达了华为新确定的品牌主张 Make It Possible，还以其热血的故事、走心的歌词、精美的 MV 拍摄风靡全球，一举打响了华为的知名度。在中国，它不但在各大互联网平台上传唱，甚至成为最受欢迎的手机铃声之一。由此可见品牌宣传的力量是巨大的。

品牌一旦强大，会产生强烈的溢出效应。

举个例子。2023年9月，苹果15 Pro Max推出后，一位心痒已久的顾客前往深圳苹果旗舰店购买。即使一部新机售价12000元，店内顾客仍络绎不绝。卖完手机，店员建议他再买个手机壳、贴个膜，否则一旦碎屏维修费会高达2000元。在现场，手机壳的售价为300元，贴膜同样需要300元。这位顾客买了手机壳。后来他在离店大概10米远的地方找了个贴膜摊位贴膜，价格仅为15元。

苹果的品牌溢价能力可见一斑。这就是品牌的价值，也是品牌的力量。

同样是智能手机，国产手机的均价只为190美元，苹果手机均价则为860美元。

2023财年，苹果公司的营收为3833亿美元，净利润为969.95亿美元，净利润率为25.31%。其在全球的市场份额只有19%，却吃下了全行业80%的利润。

同样，中国也有一个高端品牌——茅台。2023年茅台实现营业总收入1505.6亿元，同比增长18.04%，归母净利润747.34亿元，同比增长19.16%，净利润率竟高达49.64%。它占全国白酒市场的份额约为19%，而利润份额却占行业利润总额的近50%。

在国内,"无酒不成席"依然是大部分宴请的默认规则,洋酒、红酒远不如白酒占据主流,而高端白酒的首选基本上都是茅台。其他品牌——尽管主人尽力介绍——客人还是会觉得缺乏亮点;如果选了茅台,哪怕菜肴一般,哪怕主人不说话,整个宴席的档次也会感觉明显不同。

因此,品牌力是高端品牌成功的必需条件。有了品牌力,就相当于掌握了消费者购买决策的主动权。

众所周知,在这个信息爆炸的时代,流量已成为企业的命脉。

什么是流量?它原指在规定时间内通过指定点的车辆或行人数量;后来变成网络用语,指在一定时间内打开网站地址的人气访问量。其实,所谓的流量就是注意力,就是人们的关注度。

以前,在市场红利时代,企业只要开店就能赚钱;在网络红利时代,大家争相购买流量以维持销售的增长。现在,线下店面乏人光顾且费用越来越贵,线上流量成本也越来越高,企业几乎到了靠天(时代)天不应,靠地(位置)地不灵的阶段,企业该怎么办?

唯有靠自己——自创流量。

自创流量的最佳方式就是塑造好自己的品牌,让自己的品牌被更多目标用户知道。

品牌是一个企业持久的流量池,过去却被一些企业家长期忽视。为什么国内一些位置很好及装饰很好的商业地产、新建商场致力于邀请国际奢侈品牌入驻,有的商场甚至愿意为引进国际奢侈品牌入驻而全免场地租金?为什么他们对其他品牌却要按标准收取高昂的进场费?当你的品牌没有打造成高端品牌,没有被大众所熟知,就吸引不来足够的目标消费人群,不足以产生流量的势能。

未来,品牌,特别是高端品牌将成为一种稀缺"资源"——确切地说,是稀缺能力。拥有了品牌,不但能让你的用户、生态伙伴、员工心生荣耀感,更能拥有自主产生流量的势能,在拥有市场的同时还在一定程度上掌握了定价权。

继2023年年底对手袋、配饰和鞋履等品类进行调价之后,爱马仕又立马进行了全产品价格线的上调,其中Mini Kelly一代上涨10000元至56500元人民币,涨幅达21.5%。同时,瑞士腕表品牌ROLEX(劳力士)也在元旦后进行了全球统一调价,热门钢笔平均涨幅为2%~5%,金表涨幅为6%~8%。根据要客研究院数据,近三年来,顶级品牌包袋的平均价格涨幅超过32%,品牌由涨价带来的利润增长超过150%。

很多消费者都说，已经那么贵了，还在疯狂涨价，难道这些品牌想钱想疯了吗？其实并非如此。这种涨价一方面是出于对目标客群精准的研究与把握，另一方面也是一种捍卫品牌价值的周期性行为。

相较之下，很多品牌通过频繁的价格战获取市场，这是对品牌有害的掠夺性行为。表面上看，它们通过这种方式促进了销量，但事实上，价格的频繁降低却寒了许多老用户的心，失去了原本目标客群的认可与信任，品牌的价值就会日益下跌，直至失去价值。

## 打赢心智战

在市场竞争中，有一个"二元法则"，是定位大师艾·里斯（Al Ries）与杰克·特劳特（Jack Trout）在《22条商规》中提出的观点。这个法则认为，在任何成熟的市场中，最终的竞争格局往往只会由两个品牌主导。根据我们多年的实践证明，二元法则是正确的。

我们还发现，不管行业有多少品牌，竞争的结果呈明显的阶梯状分布，基本格局是：第一品牌的业绩是第二品牌的两倍；第二品牌的业绩是第三品牌的两倍，而第三品牌的业绩是第四品牌的两倍。最后,行业只剩下两个品牌在竞争,因为消费者大多只能记住两个品牌,而且基本上是二选一。

因此,有人这样讲:"要么数一数二,要么不三不四,五六考虑如何活下去。"现在,很多行业还存在不少品牌,那是因为过去市场一直在扩容,大家都有生存空间。随着市场总量到达顶峰并开始进入存量市场,竞争会日趋激烈,现有的很多品牌一定会被市场淘汰。

因此,掌握品牌建设的方法十分重要。

首先,企业一定要做好品牌定位,打赢心智战,努力进入行业前列,才有生存的机会。

《定位》是艾·里斯及其当时公司的合伙人杰克·特劳特联合推出的著作。原本"定位"是指品牌传播思想,进入中国后,在有关顾问咨询机构的有效运作下,"定位"被发展为品牌战略。

《纽约时报》将"定位"思想总结为公司通过在消费者心中植入难以忘记的词语来击败竞争对手。这个词语后来被称为"语言钉"。

比如,方太就采用了"语言钉"的方法。2003年,方太实施从"厨具"到"厨房专家"的战略升级,迅速在广大消费者中建立起"方太=厨房专家"的深刻印象;2011年,方太明确了自己的品牌定位"方太,中国高端厨电专家与领导者",并大刀阔斧去掉中端厨电,专注高端厨电市场;2023年10月,它将自己的品牌定位再度升级,变为"高端全场景厨电"。正是因为一直以来的精准定位,让方太在激烈的行业竞争中脱颖而出,成为专业高端厨电的领导品牌。

文字的长处是简洁直接,能快速清晰地传递品牌思想和战略,同时告诉消费者产品的消费利益点。

后来,艾·里斯之女劳拉·里斯提出了"视觉锤"的概念。劳拉·里斯在《视觉锤》这本书的前言中指出:"'定位'是一个语言概念,是钉子;将这个钉子钉入消费者心智的工具就是视觉锤。"

这个表述十分精辟。消费者对品牌的记忆是有限的,因此,要在消费者心目中牢牢地占有一个关键词,仅靠"语言钉"的文字及灌输是不够的,还需要相应的"视觉锤"图形予以配合。这是因为,图像比文字更容易深入人心,从而"攻陷"消费者大脑。

例如,全世界有80多亿人口,尽管各地的交通规则并不一致,但红绿灯规则却通用于全世界:红灯——停;绿灯——行;黄灯——等。

颜色比起文字能更快进入人的心智,更迅速调动人的潜意识动作。红绿灯跨越了语言边界,用颜色统一了交通"语言"。想象一下,如果将这些灯变成英文单词或中文的"停""行""等"会怎样？眼睛看到文字后要反馈给大脑，大脑转换信息后再指挥动作，可能事故已经发生了。而只看红绿灯，人们不需要大脑过多思考就能快速做出反应。因此，"视觉锤"要求视觉语言具有通俗易懂、快速记忆的优点。

几乎所有成功的品牌都在运用"视觉锤"法则，这些视觉形象比文字更能引起品牌的联想：比如，肯德基"爷爷"的形象给人亲切、勤奋的感觉；麦当劳"叔叔"给人欢乐、愉悦的感觉；特斯拉的"T"字图形给人以思想锋利的联想；被咬掉一口的苹果则带有创意与智慧的含义……

慕思的做法则非常特别。它没有从商标图形着手打造视觉锤，而是选择了一位智者形象。这位智者衣着考究，戴着金丝边眼镜，同时目光深邃，自信坚定，既带着权威专业的信息，又展现出坚毅专注的匠人面貌……仅仅是这样一幅静止的图片，慕思连续使用了近二十年。在实践中，这个视觉锤也有效传达出了慕思国际感、高端、专业、科学、严谨的品牌形象。

慕思能够从零开始，用二十年的时间将自己打造成健康睡眠品类的冠军，这个"视觉锤"起了很大的作用。美国一家调研公司曾经对慕思品牌进行过一次品牌健康度调查，得出的结论是，人们不一定能瞬间记起"慕思"这两个字，却能记起慕思的智者形象，认为这位智慧老人的形象，传达出严谨、专注、工匠精神、国际感和睿智等丰富的信息,让人们很快联想到"慕思＝健康睡眠系统""健康睡眠＝慕思"。如此,慕思成功地成为一个品类的代名词。

归根结底,"视觉锤"是一种形象思维,它是为企业想要传递的关键词,即"语言钉"服务的。最好的方法是,运用定位将"语言钉"和"视觉锤"相结合,使之同时进入顾客的左右大脑,双箭齐发,占领消费者心智的概率会大大提升。

## 定位"四法"

定位的核心目标是让人们记住品牌。在运作中,企业往往更愿意将品牌与实际的品类关联起来。

在慕思看来,开创新品类,并实现品类超越,才是打赢心智战的最终目标。

早期的慕思把自己定位为"健康睡眠系统",将自己与普通的床垫企业错开定位,并开辟了健康睡眠系统的新品类;后来进行了简化和自我超越,占领了"健康睡眠"品类。这种做法在很多企业都可以见到,正如特斯拉以自己的产品线布局占领了"纯电动汽车"品类,卡萨帝以自己有效的运作占领了"高端家电"这一品类,苹果通过自己的创新占领了"智能手机"这一品类……

那么,品类被第一品牌占领后,是否意味着其他品牌就没有机会了?其实不然。每个市场都可以细分更多的品类,而且这种细分更多在心智空间展开,分别采用不同的维度和标准,因此理论上品类可以无限细分,只是不同细分对应的市场大小不同而已。

饮料市场的竞争已经相当激烈,但人们仍然发现,新品牌还在不断涌现。

可口可乐是百年品牌,原本已经完全占据"可乐"这一品类,但二十世纪七八十年代,百事可乐成功将自己定位为"更年轻的可乐"而迅速崛起;20世纪90年代,乐百氏将纯净水做到了第一品牌,至今仍然活跃在市场上;21世纪初,农夫山泉成为饮用天然水的第一品牌,迄今仍是饮用水行业的霸主——2023年营收达426.67亿元,同比增长28.4%;2016年诞生的元气森林,主打"0脂0卡0糖",短短数年就成为中国气泡水的第一品牌……

可见,每个行业都有巨大的空间,市场永远存在机会。每个品类都有细分市场,高端品牌针对不同人群、占据不同的细分市场,要努力让自己成为这一市场的领导者和品类的代名词。为此,我们总结了市场上四个"定位"的维度。

一、品类第一定位。行业销量第一的品牌，给人的印象就是品质好、可信度高，因此，"遥遥领先"确实是一种较好的打法。

20世纪90年代，姚吉庆在华帝任职时，用了两年时间将之做到行业第一。有了这个权威数据，他就在中央电视台打广告："华帝燃具中国销量第一。"虽然广告只有短短的5秒钟，效果却非常神奇。六个月之后，每月都有50%左右的销售增长。可见，国人对"老大""第一"概念的信任和追捧。

这恐怕也是最近几年"遥遥领先"概念"滥发"的原因。当所有人都在变着法子喊"遥遥领先"的时候，它的分量就大大下降了。只有那些真正做到遥遥领先的品牌才能让人们信服。现在，只靠玩文字游戏已经行不通了。

二、对立面定位。当竞争对象是第一名的时候，相对弱势的一方可以进行反向定位或者从属定位。例如，百事可乐的定位是"新一代的选择"，巧妙地将可口可乐的消费者归为"老一代"。

另外，承认第一的地位，而把自己定位于"第二"也可以成功。目前，中国市场上不乏这样的例子。2017年，并非酱酒核心产区的四川郎酒聚焦发展高端品牌青花郎，打出"中国两大酱香白酒之一"的口号，同时将青花郎的零售价提高到 1098 元 / 瓶，从品牌定位到市场价格，全方位对标茅台。青花郎对品牌进行铺天盖地的广告投放与宣传，的确在短时间迅速扩大了知名度，令青花郎迅速为公众所认知，仅用了一年半时间就将青花郎打造为高端品牌，成为集团旗下千元大单品。

三、功能定位或理性定位。乐百氏曾策划了一个经典的广告片，令人印象深刻。广告中，一滴乐百氏纯净水，经过"27 层净化"后滴下来的画面给人带来深刻的记忆。

据说，当时为了拍摄这一滴水，公司投入了 600 万元。广告公司董事长亲自来到车间研究，发现产品最大的卖点在于其过滤系统，基于此，创造了这支经典广告片。就这样，乐百氏纯净水凭借其独特的"27 层净化"营销传播概念，成功地吸引了消费者的关注，树立了鲜明的品牌形象。

这种定位方法还用在了家居系统门窗行业。对系统门窗行业来讲，最大的痛点就是城市噪音，门窗行业的头部品牌皇派门窗的广告语就是"怕噪音，就用皇派高端隔音门窗"，让皇派门窗成为高端隔音门窗的代名词。

四、情感定位。一个产品会有很多功能卖点，但向消费者传递时只能选其中一个，这样就会很容易出现"言犹未尽"或"对靶不准"的情形，家居类、服饰类产品更是如此。这个时候，情感定位不失为一种更好的方法。

例如，欧派家居的品牌口号"有家有爱有欧派"，既凸显了品类特点，又传递了情感诉求。随着这句朗朗上口的广告语的持续传播，欧派引起很多人的关注与喜爱。

再如，戴比尔斯的经典广告语"钻石恒久远，一颗永流传"，也是一种情感定位。

## 精众传播

二十世纪八九十年代的营销有一大特点：企业凭借一个广告语、一个代言人、一个标王，在中央电视台大打广告就可能成功，因为那是大众传播时代，传统媒体尤其是电视台掌握着传播的话语权，而中央电视台更是最具有传播话语权的权威媒体。

随着时代的发展、互联网的迅速普及，传播越来越呈现碎片化的特征。这导致传播媒介的分化和效应递减，即使企业投入千万元甚至上亿元的广告费用，也难以保证一定会有效果。

这时候，企业就需要从过去的大众传播，升维到"千人千面"的分层、分类、分群的精众传播。这就要求企业采取差异化、动态化的传播策略，精心选择多元传播主体提供的传播形态和传播介质多样的丰富内容，借助大数据和算法推荐等新技术、新手段，以贴切内容直抵人心、以多元渠道触达用户，以优质内容吸引受众。

这话说起来简单，但面对各说各好的细分媒体、各有优势的传播渠道，在有限的预算内做到精准投放是一个极难的课题。说不定很容易就被媒体忽悠了，白白浪费了传播资源。

那么究竟该怎么办？慕思的经验是，要注意"三大原则"。

一、99℃+1℃原则。传播讲究稳、准、狠，要沉着冷静、不急不躁，也要目标明确、精准把握，在此基础上更要做到"狠"：一旦发动"战役"，要集中资源，饱和式攻击，务求战之必胜。

就像烧水，不能只烧到99℃（那就纯属浪费），必须加1℃，等到水烧到沸腾，饭才能做熟。对于认定的目标，领导人千万不能心猿意马或不舍投入。如果投入没有达到一定的量，即使目标对了、方法对了，所有的投入和精力都会浪费。相反，投入到位，甚至哪怕多投入一些，量变就会变成质变，情形就会完全不同，会带来更多溢出效应和边际效应，经销商和团队也会信心大增。

有朋友曾向姚吉庆咨询，在中央电视台投放500万元广告是否可行？他给出的建议是，对投放央视的广告而言，低于3000万元的广告预算都是浪费。如果达不到宣传效果，那么这种投放就根本没有意义。

二、"一把盐"原则。在资源缺乏、资金有限的情况下，企业要集中某一点，做到力出一孔，务求一举击穿，取得胜利。

很多企业常犯的错误是不论是否开设门店，都将高昂的广告预算均衡在全国范围内，在电视台、小红书等各类媒体分众化投放。这样撒胡椒面的方式看似投入巨大，但效果往往不彰。

就像"一把盐"，如果放在一口大锅内，汤可能会寡淡无味，但如果把汤一碗一碗舀出来再放盐，每碗都有味道，剩下的等到有盐的时候再喝。慕思的原则是聚焦、再聚焦，将有限的盐即营销资源集中撒向某个市场、某个媒体、某类目标消费群体上；在选择媒体时，也是同样的聚焦原则：聚焦核心媒体、聚焦核心区域、聚集核心时段。

三、无内容不传播原则。品牌传播要善于借势和造势。假如广告创意不佳，就需要耗费大量资金推广，事倍而功半；假如广告创意有内容、有力度，自身就具备传播价值，那么仅靠广告的内容就能引发公众注意和传播，进而引爆话题，形成"病毒式传播"。

当然，创意不是一味求新、求怪、求奇，或一味追求社会关注。广告卖点要和产品卖点、终端销售的卖点实现"三点"统一。

2021年7月,世界滑雪冠军谷爱凌走进慕思,出席"冠军探梦计划"公益行动。彼时,慕思便对这位少女冠军产生了浓厚的兴趣:"00后"、名校、勤奋、无畏、敢于冒险、颜值出众、专业更出众,尤其重要的是,谷爱凌总会用积极的状态面对生活,面对自己热爱的事,竭尽全力做到最好。

难得的是,谷爱凌和妈妈谷燕曾对媒体传达睡眠的重要性。谷燕说:"我唯一管的一件事就是让她保持足够的睡眠,小时候每天睡15小时,上小学后保持13小时,现在每天也保证10小时。睡不够哪有精力玩儿啊!"谷爱凌对此深度认同:"睡觉是我的秘密武器,从小每天晚上睡10小时。"

2021年7月31日,慕思"冠军探梦计划"公益行动顺利举行。在慕思的精心策划下,通过冠军探访体验梦工厂、公益直播及捐赠的方式,慕思品牌与谷爱凌紧密互动起来。现场,谷爱凌不但参观了慕思的"超级工厂""国家级CNAS检测实验室",同时也进行了深度的产品体验,还就青少年运动与睡眠等话题进行了对话交流,她说出不少金句,引发媒体的广泛关注与传播。

这虽然是一场公益性质的活动,却获得了异乎寻常的巨大效应,甚至一度让人们以为谷爱凌"代言"了慕思。

随着冬奥会不断升温，谷爱凌人气迅速提升，在北京冬奥会上连续斩获两枚金牌和一枚银牌，成为最受全球瞩目的现象级明星之一。她在夺冠后的一句话更得到广泛传播，也唤起人们对睡眠问题的热烈讨论："我每天睡足 10 小时，这也是我取胜的秘诀。"显然，这句话已经让慕思赢麻了。

## "品效合一"

"品效合一"是近几年来，被电商和数字营销领域广泛宣扬的一个理念。它强调要将品牌宣传和销售效应紧紧结合起来，既注重品牌知名度的提升、美誉度和偏好的建立，又注重能够带来实际的销售转化效果。

高端品牌在运作中也应注重"品效合一"，即尽量将投放的广告与具体的产品甚至营销行为结合起来。

如果有人说"3000 万～5000 万元的广告别怕前三个月没有效果，可能年底或明年就有效了"，千万别信！因为到了年底或明年，消费者早就把你前面的宣传忘了。如果广告投放第一个月，甚至第二周没有效果，就要马上复盘哪些环节出了问题，及时调整，或暂停这一合作。

慕思的做法，是坚持四个融合：

一、新品发布与促销活动融合；

二、年度 IP 活动与促销活动融合；

三、线上电商品推和线下品推融合；

四、品牌联名与促销活动融合。

品牌营销要做到，既不断地拉高品牌高度，又力求接近顾客、接近效果。

一、新品发布与促销活动融合。新品发布会是显示企业创新、技术、高端性的一个很好的方式，但很多企业只是将之作为一种展示、宣传手段，这是很大的浪费。慕思的做法是将新品发布会与全国的促销活动结合起来。发布行动的开始即是全国大促销的开始，将新品发布造成的传播声浪与全国的店面紧密结合起来，让消费者看到就可以买到。

二、年度 IP 活动与促销活动融合。比如，2009 年开启的慕思全球睡眠文化之旅，通过旅行与睡眠的"奇妙"跨界融合，经过 14 年的坚持与探索，已然打造成一个超级品牌 IP。该活动邀请慕粉一起走过 18 个国家、56 座城市，他们或在威尼斯的雨夜漫步，或在午夜的巴黎听一场歌剧，或去枫丹白露看拿破仑一世的寝室，或在意大利回归慢生活，或在滇藏秘境寻梦……这些人是慕思各地的经销商从其超级用户中精心挑选出来的，且在活动过程中提供了很好的内容供营销系统传播。

三、线上电商品推和线下品推融合。打通线上流量和线下销售是制造企业必须突破的一道门槛，也是高端品牌必须面临的现实课题。慕思在这方面也做了许多积极的探索。

2020年初，突然暴发的新冠疫情对线下行业冲击极大，员工无法出差，企业无法复工，经销商无法开业……不少企业叫苦不迭。作为高端品牌，慕思一直以来倚重线下经销体系，因此受到的冲击更甚。在没有直播经验、没有运营账号、不依赖网红和互联网平台的情况下，慕思精心策划了"抗疫全国直播"活动。它把自己的员工和经销商员工动员起来，围绕当时全国4000多家门店，在全国建立了90多个"定向辅助爆破群"进行动员和指挥，21个部门开了100多次线上会议高效协同，4000多家门店的万名员工直接参与一线营销。在跨部门、跨区域"洗牌式"运营下，超过150万消费者自发成为代言人，触达1.28亿受众，8小时内拿下10万个订单。

在活动结束的第3天，慕思便按照其每单捐100元给新冠疫情灾区的承诺，将1033.48万元捐给湖北（之前已经捐了200万元），感谢用户的参与和付出，再次与用户进行了品牌动作。

四、品牌联合与促销活动融合。早在2011年，慕思寝具就与兰博基尼寝具开展了一次经典的联合行动，两者在深圳合作开设了首家慕思&兰博基尼寝室用品专卖店。兰博基尼是消费者心中的顶级品牌，这种联合一方面大大提升了慕思的品牌形象，另一方面产生了实质性的销售成果。后来慕思经调研发现，很多买慕思兰博基尼床垫的是年轻人，尽管联合产品卖得很贵，最贵高达99万元。与此同时，十几万元的产品依然销量很好，做到了真正的品效合一。

2017年，慕思与兰博基尼再度实施战略合作，该合作一方面扩大双方的合作内容至床垫产品以外的诸多其他寝具产品，另一方面决定未来在全国开设更多的品牌专卖店。

华为手机也有类似的做法。华为与保时捷设计合作的第一款手机是发布于2016年的华为Mate 9保时捷设计，是继徕卡之后华为的又一联名品牌。整机采用了低调深邃的黑色全金属机身，在正面屏幕的上方印有大大的"PORSCHE DESIGN"字样。

作为华为的第一款保时捷设计机型，Mate 9售价8999元，超过了苹果。华为保时捷设计一经推出就受到市场的热捧，价格一度炒到2万元以上。一年半以后，华为Mate RS保时捷设计推出两个配置：6GB + 256GB售价9999元，6GB +512GB售价12999元，大幅超过了前两代保时捷设计。之后的华为Mate 20 RS保时捷设计、华为Mate 30 RS保时捷设计、华为Mate 40 RS直接将价格锁定在12999元，其中

Mate 40 RS 典藏版将价格上探到 13999 元。显然，此举大大巩固了华为的高端手机形象。在此后与保时捷设计品牌长达 6 年的战略合作中，华为几乎每年推出一款联合手机，不断上探价格新高度，拉升着华为的高端品牌形象，同时销量也相当可观。2023 年 9 月，随着华为超高端自主品牌 Ultimate Design "非凡大师"的推出，这一联名战略最终结出丰硕的成果。

2023 年 9 月，贵州茅台与瑞幸咖啡推出联名咖啡"酱香拿铁"事件也堪称品效合一的优秀案例。这杯单杯定价 38 元（券后售价为 19 元）的咖啡在开卖当天就引起全网关注，不但各间瑞幸店一杯难求，而且当天"酱香拿铁""瑞幸回应喝茅台联名咖啡能否开车""满杯茅台去咖啡液""瑞幸客服回应酱香拿铁不加咖啡液"等多个相关话题冲上微博热搜，并引发后续相当长时间的激烈讨论。

对瑞幸咖啡而言，此战绝对属于经典一役，不但引发社会强烈关注，而且大卖数亿元，有力拉升了股价，可谓一举三得；对茅台而言，虽然带来的直接销售收入并不高，但它在基本没有成本花费的情况下，成功引起年轻人的关注与喜爱，可谓顺势而为。

## 问题与思考

1. 你公司品牌消费者人群画像是什么？接触媒体的习惯、审美特点是什么？

2. 品牌定位在同类产品中能否脱颖而出？是否具有独特性、差异性？

3. 结合品牌传播的三大原则，你公司的传播策略是什么？

4. 写出三个品效合一的营销方向。

# 第四章

# 数字化力修炼

METHODS
FOR BUILDING
EXCELLENT
BRANDS

放在十年前，甚至五年前，数字化能力都不会显得如此重要。但今天，市场显然发生了非常重大的变化，一个企业如果没有这种能力，不但将在竞争中处于弱势，而且将丧失通往未来的很多机会。

这是因为，仅用了20年的时间，我国的互联网、移动互联网产业已与世界强国并驾齐驱，并深刻改变着社会生活和经济运行的方方面面。不但如此，现在这个14亿人口的国家还在激越向前，向着"数字中国"的目标挺进，大力推进5G、物联网、云计算、大数据、人工智能、区块链等新技术的开发和应用。

信息化、网络化向数字化的演变，不但促进了信息系统的优化和完善，还大大促进了创新，推动了生产的高效率和需求的个性化融合。同时，数字化也使业务和商业模式产生了系统性变革，并给管理方式和经营观念带来了深远影响。此外，数字化还为中国企业提供了绝佳的发展机会，一个高端品牌崛起的历史性机遇。

## 三大趋势

市场需求的变化趋势主要表现在三个方面。

一、个性化。随着消费者对高品质产品、服务需求的不断增加和数字化技术的不断演进,个性化消费逐渐成为市场潮流。不管是否富有,每个人都希望自己的服装与大家不一样,体现个性。这不仅是"90后""00后"的需求,也是"60后""70后"中老年群体的追求。

家居装修也是如此。过去看到谁家装修得好,总想着照样复制一套。现在,哪怕同样花了50万元、500万元,甚至1000万元,也希望装修得跟其他人不一样,希望家庭装修符合自己的生活习惯。

比如,同样喜欢运动的两个人,一人认为需要一个室内健身房;另一人喜欢户外健身则觉得家里的健身房是多余的,他可能更喜欢专门设个书房,以方便随时读书。

显然,个性化消费更在意商品的独特性,更关心自己的心理需要和精神满足。

个性化消费观念将促进传统消费品企业的迭代升级,一方面,产品要从以功能为中心向以体验为中心的个性化产品和服务型产品转型。另一方面，个性化势必以信息化、网络化和数字化为基础，这就意味着，企业必须基于互联网数字化新技术，做到线下、线上组织兼容。

高端品牌更是必须如此。企业要跟上这个趋势，不断重新评估其产品和服务，以满足顾客的特定需求。出生于1995—2009年的"Z世代"是当前消费市场常被提及的人群。有数据显示，我国目前约有2.51亿"95后"人口属于"Z世代"。《2024年中国消费趋势报告》显示，"精神悦己"已成为大家越来越关注的一个消费趋势，也就是说消费者越来越关注自己的体验和感受。年轻人不再满足于"大众化"，而是追求"小众化""个性化"。他们愿意为此类体验支付更高的溢价，也更愿意通过社交媒体等渠道分享自己的独特消费体验，以彰显个人品位与生活方式。

展望未来，个性化产品和服务的发展将大幅度提升高端品牌竞争力，从而获得独特的竞争优势。

二、定制化。"定制化"和"个性化"都是为用户量身打造的提高用户体验的策略，但个性化方案往往由企业、平台系统提供，消费者只是选择方；定制化方案则邀请用户参与甚至操作。这意味着，定制化是个性化的深度满足。要想实现真正的个性化消费，企业的产品和服务就会面临一个绕不开的课题——定制。

因此，定制既是一种产品形态，也是一种经营模式。消费者会更加个性化地考虑产品和服务的构建和弹性需求，企业必须适应这种变化并提供可配置产品和服务，为消费者提供更丰富和具有独特个性的定制服务，满足他们的消费梦想。

比如，服装企业以前是一款样式、全国销售，消费者只能在不同品牌之间挑选。现在，很多企业开始提供定制产品与服务，以消费者需求为中心构建产品和服务体系，为其提供量身定制的整体服装解决方案。

近20年来，中国家居建材市场崛起一个全新的"行业"——甚至不能称之为行业，因为它在现有工业门类中根本不存在——定制家居。它可以完全根据消费者的爱好定制衣柜，选择颜色、尺寸和材料进行数码设计，定制化生产，后来很快扩展到全屋柜类定制，再后来扩展到全屋家居定制——不但提供全屋柜类的定制化设计和生产，更扩展到家庭场景下沙发、桌椅、窗帘、家电等家居产品的选择。此时的定制家居已不仅仅是提供个性化产品，更在帮助消费者定制一种生活场景和生活方式。

根据中研研究院《2023—2028年全屋定制家具行业深度分析及投资战略咨询报告》，虽然三年的新冠疫情对全屋定制家具行业造成了一定的冲击，但定制家居的地位和竞争力反而日益凸显，"无定制不家居"正成为家居建材行业的共识。随着政策的利好以及"定制"观念日益深入人心，国内全屋定制家具行业市场规模将继续保持增长。

工业和信息化部发布的统计数据显示：2022年国内全屋定制家具市场规模达4724.62亿元，与2021年同期相比增长了535.89亿元，同比增幅达12.79%。预计2023—2028年国内全屋定制行业市场规模年均复合增长率将维持在8%左右，预计到2028年年底国内全屋定制家具市场规模将可达7900亿元。

三、智能化。个性化市场推动定制化，同时定制化必然要求企业运作的信息化、数字化及生产的智能化。5G时代的到来加速了这一进程，制造企业开始向智能制造、物联网和大数据方向演进。

现在，手机已经完全智能化，萝卜快跑无人驾驶已在武汉使用，再过5年，估计汽车就是一个在路上跑的机器人，将会全面实现无人智能驾驶。汽车变成了一个可智能移动的空间，可以买东西、学习、开会……那时，我们面对的几乎是另外一个世界了。说不定有一天，司机开车变成"稀罕事"了。

智能门锁已经深入到千家万户，对很多人来说，拿钥匙开锁似乎成了上世纪的遥远故事；洗手间里，很多用过智能马桶的人不再愿意使用过去的蹲坑或简易马桶，因为现在的智能马桶甚至可以监测你的身体健康状况，十分智能。

现在，我们重新审视数字化能力的时候，发现它似乎变得比产品力和品牌力更为重要。数字化像一艘船的动力系统、信息系统，没有它你无法获得持续发展和成功，甚至没有办法在现代经济运行中生存。

早在创业之初，慕思就把握到了个性化的消费需求与趋势，推出量身定制的个性化服务，并将之作为自己的商业模式。那时它更关注自身的信息化建设。2015年，慕思下定决心，斥巨资按照德国工业4.0标准率先打造数字化工厂，与西门子、SAP、ABB等世界一流企业合作，引入先进的自动、智能化设备和工业流程，让整个生产制造过程都能够实现全自动化，打造智能数字化工厂，支持按需定制C2M商业模式，满足大规模非标定制生产，增强企业的竞争优势。经过数年建设，慕思不但降低了成本，提升了质量、产能和效率，更重要的是柔性化智能制造能力大幅跃升：订单准交率从过去的85%提高到96%~97%，个性化定制模式的运行非常顺畅。

展望未来，慕思的预测是，会有一半以上的消费者选择智慧睡眠床垫。所以，它才如此坚决地投入巨资解决智能化的课题。在它看来，智能化是必然趋势，产品要智能化，制造要智能化，甚至服务、运营和研发都要进入智能化时代。

目前，一些奢侈品用"纯手工打造"彰显高品质。

比如，玛莎拉蒂、劳斯莱斯常常突出纯手工打造概念，以突显其珍贵性和个性化定制的色彩，从而为其超高端定位提供价值支撑。慕思代理的崔佧床垫也是如此，其奥古斯汀软床售价高达490万元。为什么这么贵？原因很多，其中一条是"70个技师、采用上百道工艺、花费6个月的时间手工打造出来的"，也就是说，其中的人工费用就已达到一两百万元了。

同样是高端品牌，究竟是"智能化"还是"手工打造"的路线更正确？

过去国外品牌的宣传方式普遍被高端人群接受，但慢慢地，一些人开始对纯手工就等于高品质产生疑问，因为他们发现手工方式并非不可替代。

很多拥有百年历史的国际品牌，其品牌声誉不错、工艺精湛、手艺卓绝，但无法实现数字化的量身定制，更无法实现智能化。相比之下，慕思既智能化，工艺也不错，再加上可以个性化定制——即夫妻两人睡在同一个床垫上，可解决其完全不同的软硬度需求、个性化需求，这些特点给消费者提供了极大的诱惑力！

再如，中国的定制家居行业已经利用数字化和人工智能实现了个性化的大规模生产和服务，在全球工业领域都是遥遥领先的。慕思也通过类似的方法打通了软体家居私人定制的规模化模式，不但质量更好、效率更高，而且成本更低。这样符合经济规律的模式为什么不能被采纳？

可见，智能化正给中国品牌插上腾飞的翅膀，让我们和拥有上百年历史的国际品牌站在同一起跑线上。对有志于打造高端品牌的企业家而言，智能化无疑提供了一个绝佳的、换道超车的历史机遇。他们可以通过自己独特的方式，跨越西方品牌几十年甚至上百年的历史工艺沉淀，以更先进的模式和智能化水平，实现产品和品牌的全面赶超。

且看，中国的高端家电正在超越国际品牌，智能手机已经和国外品牌并驾齐驱，新能源汽车正向世界汽车大国的目标发起冲锋……

## 智能制造

智能制造是无法回避的现实课题。因为在解决个性化定制的需求时，一旦要上规模，生产的难题就会立即摆在企业面前。传统的工业制造根本无法解决大规模制造与个性化产品之间的根本矛盾，必须依托信息化和数字化，进而实现智能化，实现大规模个性化生产，也就是通常所说的"柔性化制造"。

在欧洲，奢侈品品牌如果要做个性化定制，必须要有一批技能高超的师傅供消费者选择。有一次笔者到意大利买了一件西服，试穿时发现不是特别合身。那里的师傅很厉害，他量完尺寸，让笔者在米兰溜达半天，下午去拿的时候穿上已经特别合身了。

国内某些服装品牌也可以定制，且定制的能力不比国外的差，而且它的店面采用智能化测试的方法，效果更好。据说，他们也接受很多国外品牌的定制，能把一套测试数据提供给这些品牌，为之提供跨国支持。

国内知名的红领服饰就是这么做的。它从传统的外贸订单型企业转型，成长为国内首家服装大规模定制企业，其研发的个性化定制西服柔性生产线实现了计算机辅助下个性化定制服装的高效、快速生产。红领拥有西装、衬衣、西裤3个生产车间，同时整合了全球多家面辅料厂商及设计师资源，为客户打造定制产品。截至2015年，红领的定制市场遍及北美、欧洲、大洋洲、亚洲等十多个国家及地区，接了很多国内外的订单。红领因其强大的数字化能力和智能制造水平，把这种C2M定制做成了一种富有竞争力的商业模式。

传统的工匠精神主要靠技师的匠心和技艺，新时代则有新的内涵，要靠智能化、智能制造实现。智能化不但拥有堪比手工的精细度，甚至标准更高，而且以更低的成本实现了自动化的高效生产。

展望未来，尽管手工环节更富有高端品牌的象征意义且不可能消失，但智能化替代手工、并能满足个性化需求显然是大势所趋，因为它符合商业的基本价值规律。

2015年，在广东东莞拿到320亩土地的慕思开始进军智能制造，决心将之打造成智慧睡眠领域全球领先的产业基地。它整合了IBM、SAP、西门子、ABB等全世界最优秀的供应商：信息系统由德国舒乐公司、德国豪迈集团、美国IBM公司等世界知名企业提供；供应链生产线上的设备由美国、德国、瑞士、法国等多个国家的著名自动化设备供应商提供；而现场管理方案则是由日本专业团队提供服务。慕思用了五年时间打造出自己的"超级工厂"，并将整个行业的制造水平提升至国际先进水平。

尽管过程十分痛苦，也有曲折，但新工厂建成之后，立即带来一系列巨大的变化：①产能提升，床垫产量提升了2.2倍，单位能效提升了20%；②交付效果提升，订单准交率从过去的85%提高到96%~97%；③效率提升，自制成品的周转期从原来的16天缩短到10天左右，一个车间的产能由过去大约需要配置400人，到现在20人即可完成，人员数量减少了95%。以前慕思生产线上基本上都是强壮的男员工，而现在一人配一台机器就可以轻松搞定，且很多瘦小的女员工也可以应付。

更重要的是，这是一个可以实现高度个性化定制的柔性化生产基地，它将慕思的私人定制模式向前推进了一大步，上升到智能制造的新高度。举个例子，该生产线前后2秒内生产的两个床垫的参数、型号和面料可以是完全不一样的。这样的定制并非局部的，也非模块化的选择，而是一条生产线就能产出三四百个不同型号的床垫，且可记录、可追踪，能高效满足个性化睡眠需求。

2021年7月，央视主持人陈伟鸿携央视网《超级工厂》栏目走进慕思，探访工业4.0数字化睡眠产业基地，参观过程中感受到这个工厂的神奇与硬核：做床的牛皮材质部位不同、颜色不一，且常有一些类似疤痕、妊娠纹之类的细小"暗伤"，这些过去都需要人眼识别，而在慕思新的生产线上可以实现自动扫描、自动避裁、自动匹配颜色，甚至里面0.5毫米的微孔都能检测出来，精致程度远超人工，并且牛皮剪裁的利用率提升了百分之二三十。

尽管慕思为此投资数亿元，瞄准世界先进水平力求一步到位，但在建设的过程中仍然遇到相当大的困难，主要包括以下三方面：

一、无前车之鉴。世界寝具行业当时没有这么先进的工厂，传统的定制更多是基于部分手工或不同部件的组合，这导致慕思必须自己摸着石头过河，探索出符合自身发展需求的智能制造生产系统。

二、将非标定单模块化、数字化、流程化和自动化难度非常大。它既不同于现在的空调、冰箱等标准化产品的生产，又与可以手工打制、非工艺化的沙发等初级工厂不同。

三、很多先进设备的国际供应商也没有服务过定制化程度要求如此高的企业，每个团队各持己见。比如德国供应商建议，先局部搞起来，稳步推进，或先建设一个小的生产线，等成熟之后再扩建。慕思没有同意这一方式，坚持按理想的目标向前推进，自己拍板决策、自主负责实施，通过一系列大胆的自主创新实现了一步到位。

其实，这中间的过程惊险无比，一旦出现无法解决的困难，会给企业造成重大危机。而一旦顺利通过，带来的重大效益也是惊人的。在新冠疫情期间，相比其他企业的停工停产，慕思的数字化工厂发挥出了强大的竞争力，仅2020年3月就消化完成了15万份以上的产品订单。如果没有工业4.0标准的智能制造，按过去的做法，这些订单的生产与交付会非常吃力。

新的数字技术的运用，使慕思摆脱了传统发展路径，更通过科技创新催生了新产品、新业态、新模式。目前，慕思大多数的产品都属于"私人定制",这对一个以床垫为核心、主打睡眠系统的品牌而言,不但在国内业界是罕见的,放眼全国在规模企业中也属少见。数字化改造带来的成本降低和效率提升也让慕思的价格回落,大大降低了消费门槛,让更优惠的慕思走入更多家庭。这无疑大大提升了企业的市场竞争力。

谁能解决数字化问题,谁就能掌握世界软体制造业的未来。

我们曾参观过德国奔驰和宝马的智能化、柔性化制造,也看过当地的家具企业。根据观察,他们中的软体企业与慕思的差距至少有10年时间,这一方面是因为欧洲企业规模没这么大,另一方面是他们不敢一次性投入几亿元进行全面升级。这正好给了中国企业一个难得的领先机会。

在此,归纳一下慕思的数字化工厂建设心得,以下这几点比较重要。

第一,一定要提前做好产品的模块化、标准化和通用化。所有先进的软件和设备都是围绕这一核心展开的,因此,企业一定要心中有主意,独立自主,将产品变成模块,完成其标准化、通用化工作。

第二,建立定制的标准。早期的慕思是完全的私人定制,比如在尺寸上,消费者可选择25厘米、25.5厘米、26

厘米……但缺点是数据量十分庞大，当企业规模快速提升时，工作量和压力就会成倍增长。现在，个性化定制是模块化的，定制标准的建立十分重要。

第三，数字化的顶层设计。刚开始的时候，慕思并没有清晰的方案，而是联合西门子进行了规划。后来由于发展的需要，只能在推进的同时进行迭代和升级。今天看来，在建设数字工厂的时候，一定要事先做好顶层设计。

第四，总规划及总架构由自己团队把握，选择不同模块的顾问是成功的关键。进行总体规划的时候，一定要有自己的团队，千万不要以为有了顾问就万事大吉。很多国际咨询公司的顾问是分不同级别的，他们不对结果负责，而且按小时收费，一旦时间到了，立即停工。所以，企业一定要有自己的团队。一开始的时候慕思数字化团队只有几个人，后来发展到一二百人。因为不同的模块需要找不同的顾问团队，还要考察他们的能力、软体是否适配等等，这些都需要团队对接。

第五，一定要打造自己的数字化团队，这一点是最重要的，也是慕思成功的关键，更是慕思花费近十亿元收获的经验和教训，值得更多企业学习和借鉴。

## 数字化营销

现在，一个企业如果没有数字化营销能力，基本上不知道顾客在哪里，更不知道怎么获取和触达。

营销大师菲利普·科特勒曾经说过这样一句话："如果五年之内你的企业还在以同样的方式做生意，那你就离关门大吉不远了。"在中国，不仅市场、消费者在迅速变化，国家也在向数字化国家全面挺进，企业必须与时俱进，以变应变。

放在五年前，传统广告投放的方式或者还可能取得成功，现在还继续那种做法肯定行不通了。高端品牌必须拥有数字化营销能力，才能在竞争中获胜。首先，在用户行为和业务数据的基础上，要精准划分不同用户群体，还原用户真实路径，勾勒用户行为画像。其次，要研究用户行为、访问轨迹、属性、事件详情……在全程追踪用户行为的基础上进行精准投放，这些不仅需要大量数据作为决策依据，更需要数字化能力具体落实。比如，现在国内每个机场以及澳大利亚、意大利等国家的机场都有慕思的广告，这并不是简单拍板决策的，而是精准投放的行为。

慕思并不是以价格来判定是否投放的,而是以价值来判定。比如,在某个机场的黄金位置,旅客只要路过就能看见,躲都躲不过,这个广告位可能要1000万元,但换个地方可能只需100万元,慕思宁愿选择前者,因为后面投放的100万元是浪费的。这背后都有测算数据作为支撑。

近年来,人工智能和大数据技术的发展推动了数字化向智能化方向发展。在内容营销越来越重要的今天,仅靠人工已无法应对媒体碎片化、消费者个性化的时代需要,构建数字化内容也是品牌的重要能力之一。

2020年初,新冠疫情给中国企业带来全方位的冲击,社区透过互联网进行交互。对很多企业而言,这几乎是灾难性的。慕思一方面必须投身到抗疫行动中,另一方面必须对很多计划做出调整。它果断出手,决定将营销主战场转移到线上,展开直播活动。

过去,慕思营销严重依赖线下专卖店,而在视频直播方面可谓"三无":无直播经验、无运营账号、无直播网红。结果,在短短一个月内,慕思将自己的员工和经销商动员起来,组成了一个1万多人的营销大军,围绕当时全国4000多家门店,在全国建立了90多个群进行动员和指挥,内部整合了21个部门,前后开了100多次线上会议……在重策划的基础上以创意促发社交裂变,该活动后来统计的数字显示，有128万人参与转发活动，有150多万消费者自发成为慕思直播的代言人（自动生成代言海报）。也就是说，通过有效的创意和动员，其活动宣传实现了10倍级的"病毒式"裂变增长。同时，慕思十分重视线上与线下协同，邀请当时全国4000多家门店共同参与全员营销，破除了过去电商一直以来的厂商矛盾、线上与线下矛盾、产品型号与价格矛盾，将厂商同步带入数字化进程。

结果，慕思此次活动取得空前成功，直接的效应是一次直播有550多万人次收看，获得订单10万多个；间接的影响更大，经此一役，整个慕思堪称一下子打通了任督二脉，运营视野和思维豁然开朗，在新冠疫情三年中业绩非但没有下滑还保持了高速成长，并于2022年6月在深交所主板成功上市。

这背后，慕思信息化、数字化能力建设发挥了关键的作用，也是它能够在短时间内实现员工动员和集体在线工作的基础所在。试想一下，128万人参与转发活动，150多万消费者自发成为慕思直播的代言人（自动生成代言海报），如果没有数字化能力，这样体量的数字化内容效果如何实现？

另外，数字化场景能力也十分重要。毕竟有形的店面展示空间有限，数字空间容量无限。消费者无论想要什么样的风格，如现代简约、欧式、新古典等，电脑可以马上设计出一套方案；消费者只要确定好价格，电脑就会自动匹配几种不同风格的解决方案。现在，慕思正在探索使用 AI 技术进行设计，从与消费者的第一个接触点开始，大数据会记录他的行为轨迹：有没有到专卖店，有什么需求，咨询过什么，有没有购买……这些触点数据会形成一个闭环，以利于企业更进一步了解其需求，为其提供更加精准的设计与解决方案。

总而言之，数字化就相当于品牌的翅膀，在产品好、品牌好的基础上令其如虎添翼。否则，你只有在地上跑的能力，别的品牌却在天上飞，如何与之竞争？

时代在变，科技在发展，数字化力修炼对企业来说是相当重要的能力修炼，也是高端品牌后来居上的成长关键。

### 问题与思考

1. 你公司数字化的切入点是什么？为什么？

2. 产品数字化的需求是什么？能实现哪些产品功能和体验的升级？

3. 数字化制造的挑战是什么？请写出解决思路。

# 第五章

# 文化力修炼

## 成长三阶段

很多专家或企业家认为，文化是一个很虚的概念。这是极其错误的，尤其是在企业价值观越来越受到人们关注的今天。

随着小康社会的全面建成，富足起来的国人在消费时越来越不满足于基本的质量、功能，他们已开始追求五个层次需求理论中的社交需求，以及更高层次的尊重需求、自我实现需求。

最近两年流行的情绪价值就是一个明证。所谓情绪价值，是指消费者在购买产品或服务时所感受到的情感体验。如果从营销教科书中溯源，它应该来源于经济学和营销领域中的"顾客感知价值"。事实上这已经切入到品牌概念了。过去，消费者买产品是为了用，或是为了其品质（好用）；现在，消费者开始重视它对心理的影响，也就是除产品使用功能之外带来的附加精神价值。

高端品牌更是如此，没有情绪的附加值，就不会有太多溢价的空间，自然也谈不上什么高端品牌。因此，企业应努力提升文化力以满足消费者的情绪价值，文化力是高端品牌的灵魂。

纵观高端品牌的成长，我们发现，它会经历三大阶段。

第一阶段：产品认同。

你的产品力必须够强，必须能给用户带来极致的产品体验。否则广告打得越多，可能带来的负面影响越大，顾客能够感知到产品的独特性和与众不同，才能对之足够喜欢。当顾客购买了产品，发现名实不符，就会产生一种上当受骗的感觉。只有给用户带来无与伦比的极致体验，才能不可替代，产生口碑价值。

第二阶段：品牌认同。

仅仅有产品力还不够，还要有品牌。品牌首先要有知名度，其次还要有品牌认知，这需要强势的品牌推广。企业应通过有效的传播和运营，把自己变成某个品类的代名词，在目标对象群体中形成强有力的品牌印象和品牌认知。如果消费者产生需求的时候，脑海中能立即闪现你的品牌形象，或一看到你的品牌，就能想到你的产品。这样，你的品牌就基本塑造成功了。

比如，喝水的时候想到的是选农夫山泉还是怡宝、依云；比如购买床垫，可能会选慕思或者其他；选手机不是华为就是苹果……高端人群的选择范围其实相当狭窄，只会在中意的两三个品牌中进行选择，如果你能成为某个品类的头部品牌，那自然备受他们的青睐。

在这个阶段，还有一个非常重要的工作就是建立忠诚度。品牌需要通过强有力的情感联系，培养出自己的超级用户。他们不但能知道和购买你的产品，还会喜欢甚至忠诚于你的品牌。这样的超级用户不但是消费者，还会成为品牌的推广者、销售者甚至投资者。是否拥有超级用户是评价一个品牌运作是否成功的核心指标之一。

第三阶段：品牌价值观认同。

品牌和人一样，消费者选品牌就是与之"交朋友"。朋友之间不但讲感情，而且会涉及价值观的共鸣。人的一生，遇到能成为朋友的不超百个，能成为知己的更是寥寥无几。品牌也是如此，人们能够认同和喜欢的品牌也就几十个，"死忠"的品牌只有一两个。

一旦消费者认定品牌为"知己"，或深度欣赏品牌所传导的价值观，就愿意反复购买，甚至成为这个品牌的终身用户。

2011年，营销大师菲利普·科特勒在其著作《营销革命3.0：从产品到顾客，再到人文精神》中指出，相比于以产品为中心的1.0时代和以满足消费者需求为中心的2.0时代，现在的营销已进入"人本中心主义"的3.0时代。

他指出，在营销3.0时代，"消费者"被还原成"整体的人""丰富的人",而不再是以前简单的"目标人群";"交换"与"交易"被提升为"互动"与"共鸣";营销的价值主张从"功能与情感的差异化"深化至"精神与价值观的响应"。也就是说,品牌不但给人提供产品和情感,还要能提供意义和价值观。

这本书在中国出版后,引起了企业界的广泛关注。近几年,人们格外感受到价值观营销对品牌塑造的重大意义和强烈效果。比如,人们对华为的"破飞机"和"芭蕾脚"两则广告创意印象深刻。图片中,那架破飞机是一架在二战中受到重创的伊尔-2飞机,虽然伤痕累累,却依然坚持飞行,最终返航。华为以此展示华为的奋斗精神,强调华为要一边飞一边修飞机。宣传文案上讲着:"没有伤痕累累,哪来皮糙肉厚,自古英雄多磨难。"

"芭蕾脚"出现在2015年华为启动的一项全球传播活动中。图上,一只脚穿着舞鞋优雅光鲜,旁边的另一只脚却赤裸并伤痕累累,显得有些触目惊心。这幅构图对比鲜明,充满冲击力,图上写着广告文案:"我们的人生,痛,并快乐着。"这则广告强烈地表达着华为的精神。所有伟大的背后都有无数苦痛累积,昨天、今天和未来的奋斗才能铸就伟大,华为如此,每个人也是如此。有人评价,华为就是凭着这双感人至深的"芭蕾脚"大踏步走向了世界。

奇妙的是，这两则宣传图片在华为备受关注，甚至在任正非长女被加拿大扣押的岁月里，更加频繁地被提及并广泛流传，它就像无声而有力的抗议，更代表傲然而倔强的精神，与国人悲愤的情绪产生着强烈的共鸣，反倒令华为的品牌知名度、美誉度甚至忠诚度大大提升，甚至上升到信仰的境界。

## 解决人类问题

价值观是一个人或一个企业对价值的理解、选择和判断，显然它是极具个性的。每个人对价值观的选择都不同，每个品牌也是如此。

比如，有的企业认为赚钱很重要，它千方百计省成本，甚至不惜偷工减料；有的企业认为规模很重要，它将扩张作为第一要务，甚至企业在一定时间内不赚钱都可以；有的企业认为质量很重要，它宁可企业发展慢一些，少赚一些，也要生产出优质产品，绝不糊弄自己和消费者……

品牌构建信仰的过程，本质上是品牌的精神内核和消费者的价值观进行匹配的过程。品牌价值观跟自己的消费者密切相关。后者也在据此甄选心仪的品牌。

一个品牌不可能包打天下，只能找到属于自己的消费者。你的价值观越独特，识别性越强，对特定人群的吸引力越强。

根据我们的观察，一个伟大的品牌一定志向高远，它致力于解决社会的某种问题，或满足人类某种特定的需求。这些品牌面对的是最广泛的受众，围绕核心的痛点，能唤起全体员工、生态伙伴为之不断努力的进取心和自豪感，并被人们所敬重和喜爱。

马斯克之所以令人惊叹，是因为他以"改变及拯救世界"为使命，解决的都是有关人类命运的重大课题；华为之所以受到消费者的尊敬，是因为它解决的是重大技术难题。

传媒和娱乐巨头迪士尼将"制造快乐，销售快乐"作为自己的使命，致力成为"世界上最快乐的地方"。它的动画影视剧带给全球一代又一代人快乐的记忆，它的娱乐衍生品成为游乐园中最受顾客青睐的场所，迪士尼乐园每到一个国家或地区，都能以其童话般的欢乐世界吸引各个年龄层的人群蜂拥而至。世界上的游乐园很多，迪士尼以其鲜明的品牌记忆和丰富的品牌联想独树一帜。2023财年，其全球营收达到了888.98亿美元（约人民币6438亿元），可见快乐的威力有多大。

数据显示，2023年全年，奔驰在中国市场累计交付约

76.5万辆新车，创下了历史新高，中国依旧是奔驰的第一大单一市场，占其全球营收的三成以上。这是为什么？就是因为消费者对其品牌精神"The best or nothing"，（翻译成中文是"至臻至美"）的信赖。它代表了奔驰对产品质量和客户服务的追求：不断提升自己的技术和设计水平，以卓越的品质和创新为核心为客户服务。作为现代汽车的发明者，奔驰一直坚持这个理念并不断创新，才是打动"挑剔"的高端群体的关键。

2020年福建晋江的运动鞋品牌鸿星尔克亏损2.2亿元，2021年第一季度亏损0.6亿元。这个处在破产边缘的企业，看到河南因特大暴雨造成严重的洪涝灾害后，毅然伸出援助之手，捐了5000万元物资。这种自身经营困难仍然援助社会的善举感动了很多人，网友们纷纷涌到鸿星尔克的直播间予以支持。

更可贵的是，面对大家的抢购热情，鸿星尔克的老板诚恳地劝导大家要"理性消费"，再度表现出他的善良。结果激动的网友更激动了，以"野性消费"将鸿星尔克热度再度推高。从这个案例可以看出，品牌价值观的威力有多大。

由于已经解决了温饱问题，高端人群更在意的是精神层面，即价值观的一致性。比如，他们更在意诚信守诺。如果一个品牌发生了不光彩的丧失诚信的事情，就很可能引起这类人群的厌弃，甚至一辈子都不会再选择这个品牌。

## 立一个志

从创立初期，方太就立志成为中国家电行业里第一个中国人自己的高端品牌。创业之初的茅忠群制定了"产品、厂品、人品，三品合一"的价值观（2008年更改为"人品、企品、产品，三品合一"）。21世纪初，"不打价格战、只打价值战"成为方太明确的经营路线，与后来的"不上市、不贴牌"成为"三不主义"。

和很多优秀的企业一样，成长中的方太积极向西方学习经营管理，包括战略管理、绩效管理、品质管理、制度管理和流程管理等，甚至从世界500强引入不少职业经理人。然而，茅忠群心中始终有一个困惑：近百年来的西方管理以制度和流程为核心，而中国人向来强调以人为本，如何处理东西方之间的文化差异？

2008年，对国学进行系统学习后的茅忠群在公司建立了孔子学堂，并立志全面导入儒家文化。茅忠群不但倡导公司全员学习文化经典，还直接将"仁、义、礼、智、信"这一核心思想纳为方太人的道德品质要求，之后把"廉、耻、勤、勇、严"作为方太的职业品质。

这种做法在当时引起很大的争议，也引发了不少关注。外界质疑的声音不小，但也有人赞誉这种精神。一位媒体人撰文称茅忠群为"当代愚公"，因为在当时，很多人的眼睛都被金钱的成功迷惑了，想要以一企之力改变社会的风气，实在是太难了。

然而，方太已经坚持了16年，并发展出一整套以传统优秀文化为核心，中西合璧、严谨而系统的文化运作体系。在这套"方太文化基本法"中，方太始终秉持着"人品、企品、产品，三品合一"的核心价值观，强调企业应修身心、尽本分、福慧双修、德才兼备，积极承担责任，打造最佳雇主，实现卓越管理，为顾客提供高品质的产品和服务。这三者相辅相成，三位一体，缺一不可。

在管理上，方太提出了"中学明道，西学优术，中西合璧，以道御术"的主张，并提出11项基本法则：心本经营、以道御术、品德领导、德法管理、组织修炼、智慧思维、行于中道、美善创新、精诚品质、幸福服务、无为而治。在创新上，它认为创新的源泉是仁爱，创新的原则是有度，创新的目标是幸福，因此要以仁爱为体，合理为度，幸福为本。在文化践行上，它树立了四个标准：顾客得安心、员工得成长、社会得正气、经营可持续；并再度分解成64个小模块。

甚至，在员工要求上都有做人的"五个一"：立一个志、读一本经、改一个过、行一次孝、日行一善。可以看出，这已是一个完整的经营管理体系。

茅忠群认为，当代的企业家应该有士大夫情怀，不但要搞好企业，还要胸怀国家和社会。因此，茅忠群创造性地提出，"修身、齐家、治企、利天下"应该成为中国企业的使命。

为此，2015年2月，他在公司年会上宣布了方太的愿景，从过去的"成为受人尊敬的世界一流企业"升级为"成为一家伟大的企业"；同年，方太提出了"因爱伟大"的品牌主张；2018年，方太修订了自己的使命："为了亿万家庭的幸福"，使之与伟大企业的愿景相一致。

每一次的修订都可以看出，茅忠群在不断重申自己始终不变的价值观，扩张着自己的使命和愿景。他在不断地为方太"立志"，发出自己的宏愿。2023年，他在公开场合谈到方太有四大梦想：十年助力一千万家庭提升幸福感，十年助力十万名企业家迈向伟大企业，十年助力建设一万个幸福社区，到2035年实现千亿级伟大企业。

随着时间的推移和持续不断的努力，方太文化创新所带来的外溢效应引起越来越多人的思想激荡和情感认同，带来厚积薄发的强大品牌效应。如今，它牢牢占据着厨电行业高端品牌领导者的位置,而且连续多年在行业遥遥领先。同时,它还开始带动更多的中小企业加入振兴中国传统文化和进行文化创新的行列,不断向社会辐射出自己的心愿和温度。

其实,很多成功的企业领袖,他们的思考、行动、沟通的模式有相通之处。根据管理学家西蒙·斯涅克称为"黄金圈法则",人们的思维分为三个层次:What、How、Why,它们分别由3个同心圆组成,最外面的圈层指的是事情的表象(What,做什么),中间的圈层指的是实现目标的途径(How,怎么做),最里边的圈层指的是为什么要做这件事(Why,为什么)。

慕思品牌大理想:只要人人能睡好觉,这个世界就会更美好

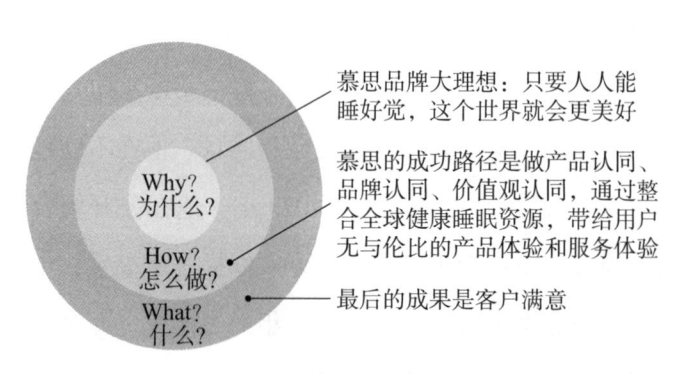

慕思的成功路径是做产品认同、品牌认同、价值观认同,通过整合全球健康睡眠资源,带给用户无与伦比的产品体验和服务体验

最后的成果是客户满意

**图 5-1　人文价值驱动的慕思黄金圈法则**

比如,我们观察到很多品牌,它们往往急于向顾客兜售产品:材质是否为钛合金,或者外观如何漂亮,工艺是怎么

做出来的……最后才可能谈到做这件事的初心是什么。显然，这种模式是由外而内的，大多企业都是由外而内进行思考。

优秀的企业则是由内而外展开。创业者首先会问自己：我为什么要做这件事？起心动念是什么？有了强烈的使命感，企业才能走得更远，打造品牌才会取得成功，你就不会因为眼前的一点利益轻易放弃，你看重的是 3 年、5 年以后的事情。高端品牌建设尤其如此。如果创业者老想着眼前的得与失，一定做不了高端品牌，因为你很容易掉进钱眼里，只想着怎么赚钱，一旦遇到阻力首先想的是怎么把成本降下来。相反，如果你想要建设高端品牌，首先要从品牌建设着手，从生活方式展开……这样在早期很难立即赚到钱，即使出现亏损也要努力坚持做下去，因为此时的你正被强烈的使命和价值观驱使着，被起心动念鼓舞着。

2012 年，慕思 30 多位高级管理者连续开了三天三夜的闭门会议。大家讨论的主题只有一个，就是找出那个 Why——慕思究竟为什么而战？它的使命是什么？在此基础上，确定企业的价值观和愿景。

这是一个重新审视自我的过程。在长期的市场攻伐中，很多人往往将目标、KPI 放在第一位，只关注机会和增长，而忘记了当初为什么出发。

经过反复的讨论甚至争论，最后，所有高管同意投票决定。在每个类别中每个人只能有一票的投票权，包括董事长、总裁。

慕思的愿景和使命是"让人们睡得更好"，大家对此都比较认同。即使总裁认为应该改为"让人类睡得更好"也无法全票通过。这种机制让大家感受到，慕思的使命愿景价值观是与自己的价值观相一致、相匹配的，大大增强了管理者的参与感和主人翁责任感。大家"力"出一孔，也"利"出一孔，达成了对企业使命的共识，明确了慕思的品牌理想，那就是"只要人人能睡好觉，这个世界就会更美好"。

## 强势内容营销

2021年，慕思营收达65亿元。2022年，慕思成功上市。此时的慕思不但成为健康睡眠品牌的领导者，而且成为高端寝具的第一品牌。

那么它是怎么做的呢？答案是以内容为核心的整合营销传播，这已成为慕思品牌营销的最大特色。

自2013年起，慕思联合中国睡眠研究会一同展开调查研究，连续十多年，每年都在3月21日世界睡眠日前后发布《中国国民健康睡眠白皮书》(2013年,慕思发布《2013全民睡眠指数白皮书》;2023年,慕思发布《中国睡眠大数据报告》),长期传递健康睡眠理念。近几年,慕思的睡眠调研还细分不同圈层——从企业家到中产,从青少年到老年,以睡眠为视角记录了国人的生活面貌与时代变迁,成为观察国人睡眠质量的重要窗口。

此举也成功引发媒体和大众的热烈关注,因为它以丰富的数据为基础,多角度展示了有关健康睡眠的内容,并与人们普遍关心的话题密切相关。同时,每年的发布会都邀请国内外的健康睡眠专家,联合很多权威机构发布白皮书,因此很快成为媒体广泛传播、公众热烈讨论的社会话题。

在持续深入的研究中,慕思越来越发现并笃信,睡眠不好的确会影响身体健康,导致精力不济、注意力下降,甚至会影响脑部和骨骼的发育,进而影响学习和工作。现在,"成功是睡出来的"这一观点得到越来越多学者和高端人士的认同,而睡眠问题也得到全社会的关注,并引发出一种特有的"睡眠经济"现象。

十年前,睡眠问题并没有引起人们的重视,甚至很多成功人士都不认为睡眠有多重要,他们的注意力被"奋斗""成功""500强"等字眼占据了。很多精英以每天只睡5个小时而自豪,完全奔跑在不顾身体、只向成功的道路上,他们以为这是人间的"康庄大道",殊不知这也是通向噩梦的捷径。

2009年,曾在苹果、微软和谷歌等科技巨头担任高管的李开复创立了创新工场。这位头顶光环的企业家始终发奋努力,追求自己的梦想和目标,"以前不怎么在意睡觉,一点多发了一个邮件,四点又发了一个什么东西,乐于同年轻人比谁睡得少,比谁回复邮件快。"他的目标是"最大化自己的影响力,让世界因我不同"。然而,2013年,他被查出患了癌症,被医生通知只能活三个多月。

这位著名企业家遭受到重大的人生打击。在度过最初的焦虑和恐慌后,写完遗嘱的他开始积极地接受手术治疗与康复调理,并对自己的过去进行了反思。他将一生最大的错误归纳为:"我彻头彻尾地舍本逐末,把最要紧的事搁到最后,却把人生最弥足珍贵的时光,浪费在追逐那些看起来五彩斑斓的泡沫。"

他创造了战胜癌症的奇迹,同时在2015年携新书《向死而生》回归。"当生命的红灯亮起,曾经的执念顷刻间烟消云散。"在书中,他总结的人生"经验"是要做真正重要的事情,好好陪自己的家人;要有一个好的身体,睡觉很重要,一定11点前睡觉,要睡够8小时,中午再睡1小时……

这一年，慕思专业团队拍了一系列"筑梦者"视频，其中邀请李开复拍了《向死而生》的同名纪录片。视频中，劫后重生的李开复谈了对家人的遗憾、自责、内省和改变。最后，他说："历经这场劫难，我深感这是上天给我的祝福，我会带着警醒感恩的心，开始我的第二段人生。"虽然还是做有意义的事——帮助年轻人成就梦想，但他的梦想不再是分秒必争改变世界，而是"健康、亲人、爱和事业共同构筑的真实梦想"……这个长达 22 分钟的视频一经播出，就引起社会强烈的关注，一周就获得 1.6 亿的点击播放量。

企业有了使命并在内部加以贯彻还不够，还必须让公众知道。这时传播就很重要。在这方面，慕思的打法与国际品牌、奢侈品品牌有着很大的不同。总体上，它们的传播太静了，这种方式会让慕思可能需要 20 年、30 年甚至更久才能把品牌建立起来。慕思的做法"特点"十足，即重视以事件和内容为核心的整合传播：一方面注意事件策划和内容引爆；另一方面集聚优势传播资源，做到"战则必胜"。

2019 年 10 月，慕思携手世界知名现代派作曲家马克斯·里希特（Max Richter），在八达岭水关长城附近的长城脚下公社举行了一场历时 8 小时的超长睡眠音乐会。350 位听众躺在慕思为这次音乐会量身定制的床垫上，聆听这位德籍英裔作曲家创作的、长达 8 小时的专辑《SLEEP》——一部曾打破吉尼斯世界纪录成为史上单部作品播放时长最长的古典音乐作品。"慕思+作曲家""睡眠+音乐""长城+音乐会"超长8小时……整场活动设计的巧思与稀缺性显而易见，使得这场大型"哄睡"音乐会既称得上一场先锋的跨界营销实践，更是一次世界级的行为艺术。这些跨界元素的耦合令这一大型"哄睡"事件蒙上了超级迷人的色彩，具有"超级话题"的传播特质，内容与内容之间的相互烘托、助力和发酵，再加上适度的公关引导，"#长城8小时睡眠音乐会#"的微博话题几小时内突破2000万关注度。1天之后，在各大官微、KOL的助推下成为了社交媒体的话题焦点，迅速登上了微博热搜。

在此过程中，慕思也帮助马克斯·里希特圆了一个梦，在中国举办了首场超长睡眠音乐会。在这场睡眠音乐会中，慕思将自己最好的床垫产品运至长城脚下。顺便说一下，现场特别定制的350套寝具后被捐赠给了北京延庆的福利院。这就是慕思，在事件策划上敢为人先、出手不凡，在内容制造上别具匠心、体验极致。

在泛家居行业，慕思可谓是最擅长进行事件策划和内容营销的企业。2019年，其策划的世界篮球巨星科比中国行变成了一场"慕思篮球王全国总决赛暨科比见面会"。现场，科比化身球场解说员激情讲解，为最终获得总冠军荣誉的队伍加冕,还现场进行了对话。活动最后,这位"凌晨4点洛杉矶"故事的主角在慕思的高科技太空树脂球床垫上亲笔签名并写下"Sleep well dream big"(睡好一点,梦想才更伟大),为慕思"打call",为健康睡眠和梦想"打call"。2021年7月,慕思邀请中国自由式滑雪运动员谷爱凌走进东莞超级工厂。这位顶级名校斯坦福在读、18岁在国际顶级赛事中夺金的天才少女,无论是在慕思活动中,还是在北京冬奥会夺冠后,都把"每天睡够10小时"作为她分享的成功秘诀。这种不是代言(没有收取代言费)的代言,简直使效果"神"出了天际!

慕思甚至把活动变成一个品牌IP,每年持续进行。除了每年3月21日世界睡眠日进行的白皮书发布和系列活动,"慕思全球睡眠文化之旅"自2009年启动,迄今已坚持了15届。它由国内和国外两个部分组成,慕思邀请当红影视巨星,现身全国各大城市呼吁人们重视健康睡眠,关注健康睡眠文化,并在此过程中甄选一部分消费者作为代表,再将甄选出来的消费者代表,带往全球各地进行睡眠文化之旅。通过对与慕思合作的全球知名寝具生产厂商的走访以及了解,开始思索和探讨健康生活方式,让更多人重视健康睡眠问题。同时,每一次睡眠文化之旅的行程都是一次整合传播之旅,不但邀请名人领衔、KOL和超级用户参与,更精心策划关于产品、材质、睡眠文化、工厂参观等内容，充分调动旅行者"眼、耳、鼻、舌、身、意"六重感官体验，更激发包括央视在内的各类媒体进行密集传播。据统计，2023年慕思全球睡眠文化之旅获得总曝光量超3.3亿次的卓越战绩。

慕思先后与中国女排、中国游泳队合作，完美地输出了品牌主张的"健康睡眠＋运动"的价值观。比如，2023年的杭州亚运会上，慕思成为"中国国家游泳队睡眠装备独家品牌"，将中国游泳队所有训练宿舍的床垫都换成慕思新品，并为运动员量身定制了的慕思枕头，为运动员的健康睡眠保驾护航。此次亚运会中国游泳队获得41枚金牌中的28枚，创造亚运会历史最佳战绩，这一喜讯也极大提升了慕思"健康睡眠＋运动"的品牌曝光度。2023年8月8日，也就是我国第十五个"全民健身日"，慕思与北京体育大学联合成立了"北体—慕思运动与健康睡眠研发中心"。这个研发中心聚集了国内外优质研究资源，围绕"科技助力健康睡眠"展开深入研究，并通过前沿科技成果促成健康睡眠产品落地，提升消费者和竞技运动员的睡眠质量，进而为人民健康水平的提升和中国运动员在竞技赛场上取得优异成绩贡献科技力量。2023年12月24日，慕思又与中国国家游泳队在北京体育大学共同举办了一场主题为"探寻冠军荣耀 感受慕思好眠"的见面会，运动员们在台上与新老慕粉分享运动与健康知识，共同探索"运动+睡眠"对于健康的意义，共度精彩时光。

此外，慕思还不断宣传健康睡眠的生活方式，指出它不但跟床品有关，也与六根（眼、耳、鼻、舌、身、意）有关，心理、环境、声音甚至味道都会影响一个人睡眠质量，其中心态问题占比约50%。通过多种形式、多种层次的策划推广及价值和品牌理念的持续传播，慕思早已跳出卖床垫的范畴，卖的是健康睡眠价值理念和健康生活方式。

## 五级文化构建

文化这个"框"很大，如何围绕核心进行系统建设是值得细细研究的话题，慕思在这方面进行了很多的努力和探索，它将文化的构建划分为五个层次。

### 一、产品文化

产品和文化不是割裂的，而是相辅相成的。作为品牌的载体，产品必然会传递企业的价值观念。正如乔布斯所说：

"把精神放进产品中,这些产品出来后到人们的手上,他们便能感受到这种精神。"

早期,慕思突出的定位是"全球健康睡眠资源整合者",突出最好的材料、最前沿的设计和最优质的全球制造资源。之后,慕思对创新材料的应用不断进行,2018年采用新型材质太空树脂球,推出革命性床垫新品;同时它对设计的强调更是有增无减,甚至将之演化成"私人量身定制"的商业模式。此外,慕思加强了对技术的创新与应用,使其在科技感上的特色越发明显。比如它很早就尝试将人体工程学、睡眠环境学、智能化技术融入产品设计中,其中的Legend26支持AI自适应软硬度调节,内置多重传感器,AI床垫Meta 17通过内置睡眠管理器,无感监测用户心率、呼吸率、体动等数据,AIoT智能卧室家居则可以联动各类家电等。这些关键要素构成了慕思独特的产品文化,有力支撑了品牌的高端定位。

## 二、服务文化

这几乎是慕思的一大"光荣"传统,20年来慕思坚持为广大用户寄赠圣诞礼物的事迹广为流传。这一方面体现出其对用户的重视,另一方面也传递出企业独特且领先于泛家居同行的经营理念，即交易完成只是品牌建设的开始。

迄今为止，慕思建立了相当完善的"金管家服务管理体系"，为客户提供集金管家周期场景体验、全生活场景体验、睡眠咨询服务、深度除螨服务、睡眠数据监测服务、七彩阳光配送安装服务为一体的360°金管家服务，将服务标准化、体系化、品牌化。

此外，金管家服务还包括一系列增值服务，分别是深度护理、产品保养、拆洗拆装、清洁翻调等，创造了良好的口碑效应。根据慕思内部统计，服务的客户满意度高达98.8%。很多消费者成为慕思公司最好的"宣传员""推销员"。

### 三、品类（睡眠）文化

从2009年推出第一场全球睡眠文化之旅开始，慕思就在睡眠（而不是面向行业角度的寝具或软体）这一消费品类文化建设上不遗余力，迄今打造出五大IP活动进行健康睡眠理念的推广："3.21世界睡眠日""6.18世界除螨日""7.29超级品牌日""8.18慕思全球睡眠文化之旅""双11慕思告白日"等。

同时，慕思还系统整理出睡眠的"六根文化"，统筹整合协调眼、耳、鼻、舌、身、意，关注人身心和环境的友好和协，大大加深了人们对睡眠问题的认知与理解。

此外，慕思坚持每年携手中国睡眠研究会发布健康睡眠白皮书，利用科学方法洞悉不同群体睡眠状况。

可以说，慕思在文化的投入力度和能力是泛家居产业罕见的，这也使得其不但与睡眠（而不是行业统称的寝具）成功实现了有效认知捆绑，而且在公众层面大大提高了品牌知名度、好感度，不断提升品牌价值，有力地捍卫了其高端品牌的文化质感。

### 四、情感文化

品牌最重要的工作就是建立与消费者的情感连接。这方面，擅长品牌运作的慕思当然尤为重视。创立之初，公司就通过圣诞礼物等形式强化与消费者的沟通，迄今坚持了20年。

早在2009年，慕思就推出了"慕思全球睡眠文化之旅"，强化与核心消费者的情感共建。2014年起，伴随着"全球睡眠文化之旅"活动的大幅升级，慕思启用了大规模全明星参与模式，邀请明星名流共情"代言"，拉近与消费者的距离。

2018年8月,慕思推出全新的品牌主张——"今晚,睡好一点",开启了温情沟通路线。

2019年10月,慕思将350张床搬到世界最长的城墙——长城脚下,邀请世界知名音乐家马克斯·里希特举行了长达8小时的"睡眠音乐会",以呈现更多惊喜感的创意形式与年轻用户沟通。2022年6月,慕思上市之际,萧敬腾和许巍线上演唱会在视频号等平台举行……

### 五、价值文化

一直以来,慕思的使命就是"让人们睡得更好"。围绕这一使命,慕思不断提升品牌的精神价值,从早期的"品质＋服务＋品牌",到中期的"善梦者享非凡"到现在锚定的"健康睡眠",可以明显看出其探索和升级进程。

现在的"健康睡眠"已与早期强调的大不相同。早期说的健康睡眠强调的是如何睡好觉,现在强调的是人类的普适健康观念——通过良好的睡眠加辅助(如动静结合的"六根文化＋运动"),可以更好地促进人类的健康。这种视野的宏大抬升不但令企业的文化境界得到提升,更大大拓宽了高端品牌的精神定位空间。根据"高端品牌实验室"的研究,高端品牌在品类上未必具有排他性,但在精神品位上却具有很强的排他性，甚至是独占性。显然，慕思正朝着这一方向奋力挺进，构建品牌文化的能力愈发出众，品牌文化系统日臻成熟。

品牌是根植于用户心中的认知，高端品牌强调的是与用户的精神共建。因此，高端品牌建设之路注定是一场从心灵到心灵的"恋爱"旅行，是一场精神灵魂之舞：从吸引、信赖、欣赏，到热爱、互动、忠诚……其中仅有产品、服务文化乃至品类文化是不够的，还必须有情感共鸣与价值观共振，而后者更具有愿景和信仰般的无穷力量。

对高端人群而言，品牌文化系统的构建会为其带来巨大的精神体验与满足；对企业而言，这将是一场迈向伟大高端品牌的宏伟征程。

从慕思的实践可以看出，高端品牌的文化构建应该是多维的，而非单线的。价值文化不能完全掩盖产品文化的创新迭代，情感文化也不能取代服务文化的身体力行，品类文化更不能单骑逞英雄——以为有了它，品牌建设和与消费者沟通的工作就完成了。可惜的是，国内大多数定位派的专家将主要目光放在了品类文化上，以为定位就是品类，完成了品类定位就完成了品牌建设的一切。这是一种相当简单化、绝对化、粗暴化的思维。

实际上，高端品牌建设的艰难之处和卓绝之处也在文化上，因为这个战场不是在专卖店和电商中产生的，也不是在人和人的交际间展开的，而是在精神、情感和心理层面诞生的。在这个充分竞争的市场中，如果你认为高端品牌就是广告轰炸出来的，营销忽悠出来的，那就太肤浅了。

精神领域是一个广阔无垠的空间，一个企业企图通过整齐划一的传播灌输就能达至成功的认知是不切实际的、荒谬的。正确的做法是通过立体的文化体系构建、施加多层次的影响，抵达与消费者心心相印的彼岸。在这个空间里，没有征服与被征服，只有欣赏与被欣赏、喜欢与被喜欢、信任与被信任。正因如此，对一个企业而言，文化（一个企业的一整套共享的观念、信念、价值和行为规则的总和）才是最核心的竞争力。

### 问题与思考

1. 作为创始人或掌门人，你的信仰是什么？你的座右铭是什么？说说你个人的价值观。

2. 创立这个公司的起心动念是什么？你的企业使命是什么？你期望把这家公司打造成什么样的？愿景是什么？你公司的管理层有多少人认同企业使命、愿景、价值观？

3. 如何建立团队的共同愿景、共同使命、共同的价值观？

    4.作为品牌，除产品使用价值之外，它的情绪价值是什么？品牌定位倡导什么样的文化？能否与你的目标消费群引起共鸣？

# 第六章

# 体验力修炼

METHODS
FOR BUILDING
EXCELLENT
BRANDS

所谓体验，首先要有身体的参与，其次要有心理的良好验证。也就是说，它包括但不限于视觉、听觉、触觉、嗅觉等多个感官的刺激，还包括情感和思考层面的互动。

显然，这是一种在短时间内形成的、带有切肤之感的强烈认知，也是企业行为带给顾客的集中性反馈。

产品是第一位的，在性能上可带给消费者强烈的感知（如前文所述），且往往要到顾客购买之后才能表现出来；服务往往能给消费者带来强烈的体验（后文会专门论述），它却更体现在售后的环节中（服务性企业除外）。除上述两个领域外，能带给顾客体验的地方就是终端门店了。

## 重视终端

目前，尽管包括奢侈品在内的高端品牌均开始重视线上营销，但总体而言，它们的体验和销售工作依然在线下进行。因此，终端专卖店依然是创造体验的最佳场所。

在这里，顾客受到建筑、产品和店员的影响，同时又可以亲自接触产品、灯光、音乐、气味、装饰、标识和广告物料等多样化的内容，并与销售服务人员进行面对面互动，这无疑是一种多感官、全维度的身心体验，能向顾客传达强大的品牌信息。

店铺的建设可以有效彰显大众品牌和高端品牌之间的差别，因为大众品牌关注向顾客兜售产品，而高端品牌则更在意向顾客传达品牌主张和价值信息。因此，专卖店往往成为成长中的高端品牌投资与建设的重心。

与以往注重店内的设计相比，越来越多的高端品牌开始重视专卖店的外部设计。它们甚至不满足于依附 shopping mall 提供的物业，而是期待店面成为一个显眼和独立的存在。

其实，20 世纪 90 年代后期，奢侈品品牌曾经展开吸引优秀建筑人才的竞赛。这些品牌意识到店铺空间竞争已成为重要的领域，但能处理建筑、空间和三维生活环境所需要的特殊设计人才却奇缺无比，这些品牌不得不向建筑设计专家求助，创造了一些高端品牌的地标性旗舰专卖店。

比如，1994 年普利兹克建筑奖得主克里斯蒂安·德·波特赞姆巴克（Christian de Portzamparc）创造的 LVMH 纽约大厦。该栋建筑拥有创新的不规则外观和"魔法空间"：一个四层玻璃立方体在塔峰位置，创造了 LVMH 集团在美国的独特性。2000 年，另一位普利兹克建筑奖得主雷姆设计的 PRADA 纽约百老汇店，拥有 2300 平方米的零售空间。美国建筑和装饰设计师彼得·马里诺（Peter Marino）则为很多奢侈品牌提供过建筑设计，包括 ARMANI 纽约店、Dior 数家店、LOUIS VUITTON 数家店以及 CHANEL、FENDI 和 BARNEY 等。

《奢侈品品牌管理》（米歇尔·舍瓦利耶、热拉尔德·马扎罗夫、李杰，著）在列举上述现象时分析指出，店铺是力量的象征和永久文化的连接。奢侈品品牌已经认识到建筑是设计的先驱，建筑师也往往引领着美学趋势，这一美学趋势将下渗转化为产品的设计和时尚。换句话理解就是，设计的美学对产品和品牌产生强烈的暗示与联想，它透过店铺和标志性项目产生强大的力量，并吸引和连接光顾的人群。

当然，旗舰体验店主要侧重建筑外观设计，对于更主要的专卖店而言，店内环境设计和陈列设计则是重点。

对于产品的陈列设计，大多数品牌都十分重视，所不同的是，高端品牌并不以陈列多取胜，而是着重突出标志性产品和重点产品，并在此过程中强调氛围的烘托。

在环境设计上，高端品牌虽然重视品牌视觉（VI）的一致性，但在艺术性和品牌性上还有提升的空间。艺术性的设计不但体现了美学的价值，更有力地衬托着品牌和产品的珍贵性。品牌性则应该是高端品牌专卖店传达的核心。在这里，产品并不是主角，品牌才是；销售不是主要工作，营造梦想和体验才是。因此，许多店面已不叫"专卖店"，而成了"顾客体验中心"。

当然，品牌的传达并不是在墙上罗列一大堆的文字和图片，将企业的荣誉和实力拿出来向顾客炫耀，而是通过富有调性和悦人的精美设计、风格独特的氛围，甚至精心布置的细节强烈而无声地传递品牌的理念和精神。

有些品牌试图通过更多维度调动顾客对美的感知。比如慕思在较早的时候就已发展出独特的"六根（眼、耳、鼻、舌、身、意）文化"体验系统，并将之应用在终端店面设计上。此外，它还精心打造了以"定制健康睡眠"为主题的高端商务型睡眠酒店——慕思睡眠酒店。这是全场景、沉浸式的极致体验，酒店设计理念融入了"六根睡眠文化"元素，通过进行 TS 智能睡眠测试和量身定制的睡眠科技产品如床垫、舒适枕等，养生设备如助眠按摩椅等，再加上配备的助眠香薰、助眠音乐、助眠红酒等，为客户开启一条从晚安到心安的健康睡梦之旅，让人们全身心体验健康睡眠的魅力。

许多国内外高端品牌十分重视旗舰店的建设，不但地点选择在最繁华的商业位置，而且常常引入大牌设计师进行合作，通过极具艺术性和设计感的视觉呈现，极致地传达品牌的理念与精神。这种旗舰店看似挥金如土，令人担心是否存在亏损。但事实上，这些旗舰店往往承载了更多的品牌体验功能，甚至成为一个城市的新地标。

说到这里，很多人会联想到北京、上海、成都等城市中极具设计感和品牌力的国际大牌体验店。笔者更想谈一谈西安这座城市，人们爱它悠久的历史、爱它斑斓的夜色、爱它一眼千年的情怀，所以，当人们看到西安慕思睡眠博物馆超级体验店的时候，更是眼前一亮，它不仅彰显了高端品牌的七项能力，更为城市新增了一件商业斗篷，西安从此多了一张"睡眠博物馆 + 文商旅"的名片。

一城文化半城仙，国潮澎湃、盛世长安！西安慕思睡眠博物馆超级体验店是全国首家 To C 端的超级体验店，面积约 3000 平米，是"睡眠文化 + 睡眠科学 + 沉浸式体验"为一体的综合场景。现代文明与沧桑历史在这里碰撞，时尚潮流与古色古香交相辉映。它是睡眠科普、睡眠教育的体验中心，又是健康消费品牌的种草中心、消费中心。同时通过研学项目、媒体活动、异业联盟、文旅线路打造等形式助力消费、服务广大消费者。可以看出，慕思品牌卖的不是床垫，而是 City Walk 的一种方式，是人间烟火的营养汤料。

## 体验就是营销

一位朋友原本不太相信美容行业，认为其忽悠人的成分比较多。以前他一不用保健品，二不用美容品，觉得靠自己锻炼是最好的美容方法，但一次陪太太美容的经历使他的观念产生了相当大的转变。

在某个美容品牌会所，他在太太的要求下体验了服务的整个流程。第一天，他发现通过美容膏调理后身体马上开始发热，并且带来了明显的效果，当晚睡眠明显好转，精神状态变佳。

本来他觉得这个美容会所的产品服务很贵，一盒精油竟要2000元，但在体验按摩的过程中，他的想法不知不觉开始改变了，竟然产生了再去"消费"的意愿。

早期在某些医院种牙、洗牙的体验非常不好，有时会让顾客痛得无法忍受。现在一些高端私立牙科诊所则很舒服。整个种牙过程都是无痛感的，而且服务细心又贴心。

这种良好的体验感即使价格较高，也被很多高端用户所接受。而且这些高端场所还有附加的服务，比如送洗牙券之类。这种洗牙的过程，就是一个体验的过程，也是一个营销的过程。

由此可见，体验其实可以产生价值、创造价值、传递价值。体验既是品牌行为，也有营销效果，它是一切销售行动的前奏，也是重复购买的助推剂。

最近几年，位于河南一个地级市的商场十分火爆，它就是被马云和雷军点赞、全国不少企业家蜂拥去学习的许昌胖东来购物中心。那么"胖东来"现象是怎么炼成的呢？秘密其实很简单，就是"真心"二字。

早在创业之初，创始人于东来就喊出了"用真品，换真心"的口号，在假冒伪劣商品横行的市场中立住了脚，赢得了宝贵的信誉。成功之后，胖东来率先将供货商的电话、供价、地址都公布于众，后来干脆在卖场内将产品的进价、售价、利润率等商业机密都一并展示给大家。甚至，他们还有其他令人瞠目的做法：当天卖不完的冰鲜虾由员工内部消化，明天再捞明天要销售的虾；水产品实行进货后检测，不符合标准的自己清水养，符合他们的标准再售卖；牛肉干就必须是纯牛肉做的，不能有筋；等等。

除了真品，他们还有态度。胖东来药店的药很多是平价药品，不是某某药房两盒感冒药要上百元那种。而且，他们把老百姓最需要的平价药品摆放在中间位置，而不是根据药品利润贡献率摆放。甚至员工帮顾客剥开榴莲后，如果发现榴莲果肉相对较小，会当即抛在一边，再帮顾客挑一个果肉饱满的……

除了态度，他们更有服务。1995年，胖东来就推出了各种便民免费服务，领先业界5~8年时间；1999年，做出了不满意就退货的承诺，退换货不需要小票，7日内退差价，15天内无理由退换……甚至，吃过的商品也进行退换！此外，员工对顾客的服务也无微不至：自发地给老人和孕妇推购物车，帮助他们更轻松地购物；同时，他们还帮助顾客打理衣物，提供更全面的服务体验；甚至，如果购物的时候想"一个人静静"，你可以在购物车上挂上"免打扰购物牌"……

其实，有心人比较，胖东来的商品与其他超市并没有太大区别，如果纯粹是为了购物没有必要去胖东来。正是对待顾客像家人的真诚和真心赢得了千千万万客户的心，吸引了来自全国的顾客。

据媒体报道，2023年中秋、国庆假期间，前往胖东来天使城的140万名游客中，竟有95%是外地游客。显然，他们来到这里，不仅是为了购物，更多是为了体验。这里，也不再只是一个商品交易的场所，更成为一个触动人心、情感共鸣的社交空间。

胖东来能够如此，高端品牌更应该如此，因为后者卖的就是体验价值。尽管功能价值不可或缺，但对高端品牌的关注更多在圈层标签、身份价值、社交价值和情绪价值上。

举一个小例子，在很多人的认知中，儿童对床垫没有那么多讲究，不要太软基本上就可以了，这其实是一个非常错误的观点。慕思认为，儿童和成人一样，也需要量身定制的专业床垫。那么，消费者的接受度如何呢？据扬州慕思专卖店的店长介绍，某对夫妇并不是慕思的目标用户，却给孩子买了一个2万元的定制床垫，原因是他们和朋友们聚会时聊天，发现那几个朋友家都给孩子买了慕思。

这个时候，慕思已经不仅是对孩子关心、重视的象征，还成为了一个圈子的社交货币——买了之后，就多了一个在这个圈子里和别人聊天的共同话题。这就是所谓的"圈层价值"和"情绪价值"。

再如，宾利、劳斯莱斯这些豪车难道一定比奔驰宝马舒服吗？其实也未必。开着它们，除了本身所带来的纯粹而与众不同的驾驶体验，还有行进过程中，路人的回头率所带来的荣耀和尊崇感，并能和这个圈层的车主立即产生共同话题。这些精神上的超高体验恐怕才是车主们真正想要拥有豪车的原因。

高端人群要求品牌在其旅程的每一个环节都能提供卓越的体验。

目前"X世代"和"Y世代"正值收入巅峰，他们是高端品牌消费的主力军，但年轻一代正迅速跟上。贝恩公司的一份报告显示，"Z 世代"的当前消费力不及前辈，但是他们站在社会和文化变革的前沿，能够影响其他几代消费者的价值体系，同时他们也非常渴望切身体验，积极探索生活的意义。另外，尼尔森的一项研究显示，72% 的"Y 世代"更愿意将钱花在体验上而不是物质上。除了品牌及其产品，这些年轻的消费者还想获得独特、真实且易于分享的体验。

## 与用户交互

很多高端品牌非常重视与目标客户的交互活动，因为精心策划的主题活动往往能带来更多维的刺激、更沉浸式的经历。

一些奢侈品品牌对 VIP 客户的服务可谓到了极致，有些专卖店甚至放弃正常营业来为客户举办私人派对，这使客户感到尊享殊荣，从而对品牌更加忠诚。

梅赛德斯奔驰品牌在全球拥有超过 10 万名会员，通过俱乐部来加强与车主之间深厚的情感联系。俱乐部会员通过参加全年的活动和车展来帮助保护品牌的传统并体现梅赛德斯的生活方式。除俱乐部的活动日程外，梅赛德斯奔驰还举办官方会员论坛,帮助车主与当地社区建立联系,甚至一些车主拥有特权,可以免费进入梅赛德斯奔驰博物馆,并可以参观生产工厂。

茅台酒也把与"茅粉"们的互动作为一项重要的活动内容来抓。"茅台时空"曾撰文指出,2023年春节过后的一周时间里,茅台在甘肃、贵州、福建、重庆、浙江、云南、湖北、上海、江西、陕西、安徽、河北、四川、西藏、广西、海南、河南、黑龙江、广东、湖南、吉林、北京、山西、山东、江苏、内蒙古、天津、宁夏、新疆29个省(区、市)开展了285场市场活动,包括节气主题活动、品鉴会、情人节活动、i茅台及巽风App推广、读书会、培训、交流学习、团建、公益活动等。这些活动一方面与文化融合提升了茅台的高端调性,另一方面通过新品的品鉴以及茅粉们的互动带给大家尊享的体验。

当然,很多品牌已经将目光延伸到潜在目标对象,作为品牌塑造或营销销售的重要手段——相比之下,奢侈品品牌更突出品牌体验。

2023年,迪奥、GUCCI、LOUIS VUITTON等奢侈品品牌都爱上了夏日沙滩。原因是它们在设计和定位上强调度假风格和休闲奢华,而希望拥有高端休闲体验的旅行者们也十分钟爱这一场景。迪奥选择了马来西亚迪沙鲁海岸ONE&ONLY

唯逸度假酒店作为独家的"夏日之家",并对海滩俱乐部(Ember Beach Club)进行了改造,整片沙滩被迪奥夏季系列色调所覆盖,随处可见迪奥的品牌标识,仿佛是一座座壮丽的沙雕艺术品:粉色系的乒乓球台、贴近中国客户的麻将桌、专属的 Dior Café,甚至连海上游轮也被换上了迪奥新装……蓝天、碧水、白沙和迪奥精心布置的粉色系融为一体,置身其中让人心旷神怡。GUCCI 则在法国里维埃拉的 Loulou Ramatuelle 海滩俱乐部打造舒适的夏季度假胜地,海滩俱乐部的雨伞、日光浴床、毛巾和靠垫等印上了标志性的 G 标志和条纹图案装饰,连蓝色的沙滩观光车也被印上了 GUCCI 的印记,在 GUCCI 夏日系列的展示区,来宾们可以在休憩的同时,顺便欣赏新款的服饰和包包。这种时尚新潮而轻松惬意的场景,让人流连忘返。

至于 LOUIS VUITTON,则携其"夏日系列""限时空间"登陆厦门黄厝海滩数星园 OMG 沙滩餐吧,营造了布满 LOUIS VUITTON 及其蓝色系的图案,甚至邀来品牌大使白敬亭、品牌挚友黄明昊、演员李一桐及演员徐若晗亮相限时空间。显然,LOUIS VUITTON 的体验活动品牌宣传色彩更为浓郁。

国内一些领先品牌也开始将触角伸向更细分的高端体验。比如,卡萨帝每年都会通过精准邀约套购用户中的会员家庭举办"卡萨帝会员年度嘉年华"活动，通过风景优美的场所、精心布置的艺术氛围和策划的诸多主题活动，与用户共同探讨高端生活方式，分享卡萨帝所带来的精致生活。对卡萨帝来说，会员不仅是用户，还是设计师，也是代言人、带单人，未来双方将持续共创高端生活方式。

2023年12月，高端品牌实验室联合多家知名机构和媒体，邀请国内品牌营销方面的著名专家，走进卡萨帝杭州城市会客厅，研讨"高端品牌的修炼"话题。这是卡萨帝的用户打造的一个社交空间，后来受卡萨帝理念的启发和推动，将此升级为一个融家居空间、社交空间和共创空间为一体的高端生态场景会所。这里不仅使用卡萨帝的冰箱、洗衣机、空调、彩电和厨电等全套系产品，还陈列、使用用户精心挑选的高端品牌产品。专家们一进入这个空间就异常兴奋，不断询问会所老板一些问题。通过随后的研讨会环节的交流，他们深刻理解了卡萨帝以用户为中心的经营理念，也体会了其宣传的"用户是卡萨帝高端生活最好的创造者"的深层含义。现场一位专家感慨：卡萨帝在品牌运营上进入了全新境界，不仅关注用户需要，也关注用户众创，更关注用户的生态。在高端品牌运作的境界和层次上很多品牌还处在二维、三维世界，卡萨帝则已进化到了五维世界。

当然，也有些品牌开始将这些互动活动IP化，比如前面介绍的慕思,截至2023年其"全球睡眠文化之旅"已经办了15届,"慕思之夜"全国巡回音乐会至今已累计举行近百场,不但成为其用户和媒体津津乐道的话题,更成为终端营销的有力抓手。

## 峰终定律

心理学家丹尼尔·卡尼曼(Daniel Kahneman)在他的著作《思考,快与慢》中,揭示了他通过深入实验研究得出的发现——"峰终定律"(Peak-End Rule),并因此获得2002年的诺贝尔经济学奖。

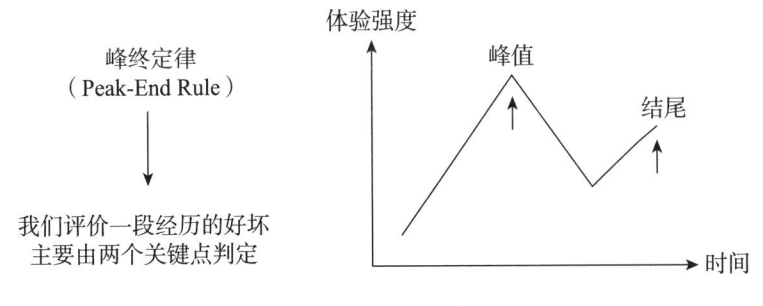

图 6-1 峰终定律

他发现人们对体验(体验事物或者产品)的记忆由两个因素决定:第一个因素是体验最高峰时的感觉(最高峰分为

正的最高峰或负的最高峰);第二个因素是体验结束时的感觉。"峰"与"终"就是所谓的"关键时刻 MOT(Moment of Truth)"。峰终定律是基于我们潜意识总结出的体验的特点,除峰值和终值时外的其他体验,无论好的与不好的体验比重是多少,无论体验时间的长短,对记忆的影响不大,都会被选择性忽略。

据说,这一现象最初是由一位医生发现的。有一次医生在给一位患者做胃镜时,把粗大的管子插进了患者的胃之后突然有特别紧急的事情离开了,十几分钟后他才回来,而患者还插着管子在那里等他。他立刻就慌了,想那位患者肯定非常痛苦。意外的是,患者反应却没有想象中激烈,甚至表示在后续的治疗中并不那么排斥胃镜了。好奇的医生在以后的治疗中故意延长一部分患者的治疗时间,经过反复观察、对比、询问发现,很快治疗结束的患者确实比大幅延长时间的患者对胃镜的排斥更强烈。后来丹尼尔·卡尼曼根据这一现象,做了大量的研究和调查,总结提炼出了峰终定律。

这对企业体验力的构建带来很大的启发。尽管全流程体验都需要关注,但在服务过程中,要重点关注给客户提供良好的"峰""终"体验。也就是说,高端品牌要将有限资源重点投放于顾客接触之峰点与终点的体验管理,可以利用更少的或者相同的资源实现更高的服务效能,从而从整体上优化顾客体验。

最好的体验就是把最好的峰值变得更高,而将难受的峰值尽量降低。比如,员工在从事服务工作时,尽管几乎把所有的事情都做好了,但只要有一件事情带来不快,给客户的印象就很不好。

结束时的体验也会让人印象很深刻。如果我们在办理业务的过程中,忽略或者是不小心得罪了客户,在客户离开的时候,如果能够做到让他高兴地离开,那之前的不愉快可能会一笔勾销。

不少到过日本企业参访的人,都会对其最后的仪式印象深刻:告别的时候,无论是公司CEO,还是管理层人员都向你深深鞠躬,然后挥手致意,直到你消失在视线中,他们的手才会放下来。

因此,体验是一种最有效的"种草",它经由顾客的身心感知,最终在心里留下强有力的品牌印象;与此同时,它还能有效地促进销售,从某种程度上讲,体验就是一种精妙的销售过程。

显而易见,体验力的打造就是一个"品效合一"的过程。

那么,体验力如何打造?这是设计出来的,甚至可以量化、测量、评估和优化,而且,也是执行出来的。安永咨询推出了品牌体验指数,从感性的感知体验到理性的价值体验,全方位评估品牌当前体验现状,包括产品满意度、服务感知度、沟通接受度、环境舒适度、价值满足度五个维度。其中,产品满意度指消费者对产品(包含数字产品和物理产品)的质量、设计、功能是否满意;服务感知度主要来自用户对全消费链路的客户服务和各个体验节点的反馈评价,服务场景包含了线上线下服务、售前售后服务;沟通接受度指信息传递与交互的渠道、内容、频率是否处在最佳状态,消费者是否准确接收到信息且愿意分享及反馈;环境舒适度,是指全面评估消费者购物渠道的舒适性、便利性、功能性是否满足需求,分为线上环境舒适度(如电商、小程序)和线下环境舒适度(如门店、柜台);价值达成度则指产品价格、品牌价值与客户预期之间的匹配程度。

总之,卓越的体验力可以通过顾客对产品和服务的感知,引导顾客对品牌价值的感知,从而在促进业务增长的同时,为品牌创造可持续价值。高端品牌需要在顾客消费的全链路上,关注关键体验节点,提供贴合消费需求的服务。同时,要力求通过服务内容的构建,不断丰富品牌文化体验,再由文化输出引导消费。

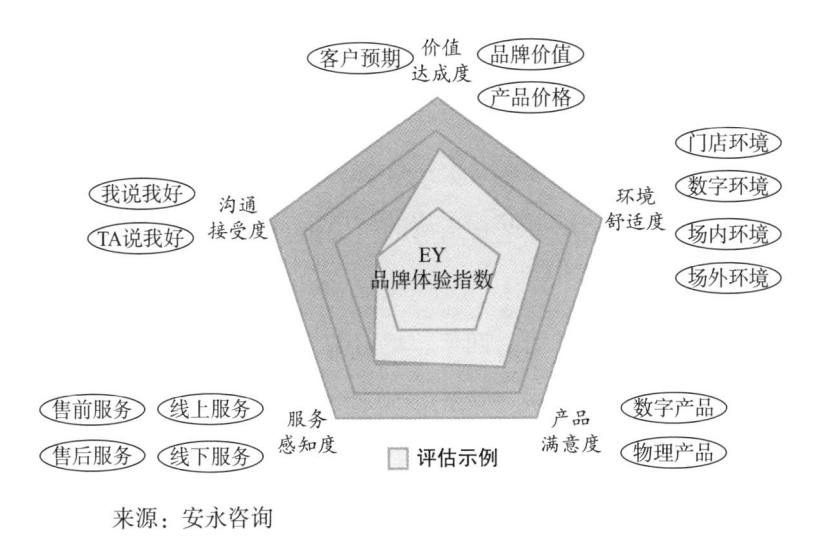

图 6-2 品牌体验指数

## 打造极致体验

在马斯洛的需求层次理论中,最高阶段的"自我实现",其实是一种更重要的心理体验。

高端品牌要善于给消费者营造沉浸式体验空间。

那么,是不是消费体验一定要在线下进行呢?显然不是。传统意义上的户外和电视广告也可以通过视觉和听觉给人带来某种体验,甚至创意上佳的广告会带来强烈的心理冲击。

总体上，广告，包括现在互联网以算法为核心的信息流或智能营销，都缺少了现实世界的身体参与和心灵互动。因此，尽管网上的体验程度正在日益加深，但到目前为止，来自线下的体验仍然占据着主流的位置，且能带来数量级倍增的体验效果。

2023年7月，历时四年、耗资数千万元精心打造的慕思睡眠博物馆正式落成。该馆展览面积约2500平方米，是一座以睡眠为主题，集文化、科普、艺术、体验于一体的展示中心。它代表了20年间慕思对睡眠课题研究和思考的深厚沉淀，给观众带来最深刻印象的是沉浸式身心体验。

整个展馆分设"睡眠之问""睡眠认知""睡眠科学""睡眠革命""圆梦世界""造梦未来"六大主题。"睡眠之问"追溯了人类数十万年的睡眠历史，如何从"构木为巢"走向"寝卧有室"，中国寝具如何从战国的漆绘围子木床进化到清代的红木榻……试图从这些演变中感知睡眠在文明发展中承载的文化意义。这里有许多问题值得追问：从宇宙的产生开始，睡眠跟大宇宙有什么关系？睡在树上的古猿人是如何迭代的？古代人对睡眠的认知是怎样的？中国历代精英人群为什么都这么重视睡眠？……置身其中，你会遇见一张被吊在空中的中国古代拔步床，也能看见拿破仑在枫丹白露宫卧室的3D打印模型，在博物馆的某个角落你还会与篮球巨星科比的定制床垫不期而遇。

在睡眠博物馆,你可以领略到国人眼中的睡眠其实与中医、道家有着紧密的联系,看到了不起的中国智慧。古人很早就知道睡眠养生法:晚上9点到11点为三焦经最旺的时间段,在亥时入睡,全身可以得到更好的休养;子时即晚上11点到凌晨1点,为胆经最旺的时间段,子时前进入睡眠才利于胆的代谢;丑时即凌晨1点到3点,为肝经最旺的时间段,这个时间人体处于睡眠状态有利于肝脏的休养。西方直到19世纪中后期才发现了脑电波的存在;中国虽然没有检测仪器,却在2000年前就已经发现了经络和穴位,将八卦与身体相应的器官对应起来。

在"圆梦世界"篇章,游览者进入慕思量身定制的沉浸式睡眠空间,实现6分钟入睡。在博物馆弧形的穹顶银幕下,整齐摆放着数十张智能床垫;柔软度和包裹感恰到好处,令人全身的肌肉慢慢变得松弛;穹顶银幕上的助眠视频渐次传来森林里的雨声、鸟啼、蝉鸣、鲸歌……你似乎可以感受到墙壁四周有微风拂来;智能床垫自动调整着角度,人们的眼、耳、鼻、舌、身、意完全放松……很快,脑洞像飞机降落一样,慢慢地被关上了,不知不觉中你进入了梦乡。

一位参与活动的嘉宾表示,游览完这个睡眠博物馆才发现，原来睡一个好觉，并没有人们想象得那么简单，寝具舒适度、饮食习惯、就寝环境，都能直观地影响睡眠结果。通过此次探访，他也学习到了诸多科学提升睡眠质量的方法。

游览结束，观众们走出睡眠空间，被继续引导到外圈的展示墙上，每个人都会找到"睡眠之问"的答案：好好睡一觉，是幸福生活的秘密。显然，这是一座梦幻十足的博物馆，走进它仿佛经历了一场奇妙之夜、奇幻之梦。美梦过后，一颗有关健康睡眠的种子已经在你心底悄然种下。

这就是极致体验的魅力。

### 问题与思考

1. 你公司品牌的使用价值、情绪价值、社交价值、圈层（标签）价值是什么？

2. 根据峰终定律，设计品牌的体验之旅。

3. 深入分析企业的销售流程、消费者的使用流程，设计体验流程、体验标准和检核点。

# 第七章

## 服务力修炼

METHODS
FOR BUILDING
EXCELLENT
BRANDS

服务力是客户满意的出发点和落脚点。从某种程度上说，企业的终极战略是品牌战，而营销的终极战役是服务战，因为服务是体验的重点环节，是塑造品牌的关键组成部分。

服务力是一家公司的软实力和护城河。在激烈的市场竞争中，企业能否站稳脚跟，关键在于能否在竞争中建立不易复制和模仿的护城河。

## 主动式服务

谈起服务，人们总会想起"学不会"的海底捞，以及前文介绍的胖东来。一方面，它们本来就属于服务业，服务就是他们的产品；另一方面，它们的确做得非常优秀，做到了让消费者尖叫，做出了口碑。

在海底捞，每一个服务员都经过了严格的培训，他们不仅要具备专业的服务技能，更要有服务的热情和创新的精神，用一句话概括就是要在顾客提出要求之前"主动服务"。

比如，在迎宾环节上，海底捞的服务人员不是站在柜台前微笑，而是主动走上前迎接，主动告诉对方是否要排队、大约要等多长时间。当然，众所周知的是，他们为了让等待的客人留下来，在等候区提供了很多其他服务，诸如美甲、擦鞋、提供小吃饮料等，甚至因推出了洗头服务而上了热搜。

在客人落座后，片区服务员会立即主动递上菜单，然后根据客人的具体情况做出主动的服务，比如提供手机套、热毛巾等。给戴眼镜的客人送上眼镜布；有小孩子的，则立即拿出儿童椅，并告诉客人有什么是小孩子可以吃的东西；如果有老人，他会告诉客人哪些锅底和菜品适合老人；等等。总之，服务员会尽可能将各种信息主动告诉客人。

在客人就餐时，服务员也可以做到眼观六路，耳听八方，随时关注客人的动向。比如发现客人眼睛看向自己，还没等客人手举起来，就已经小跑着上前，询问客人需要什么；听到筷子落地的声音，客人还没叫就已经重新递上新筷子；客人刚一准备起身，就询问客人是否需要上洗手间，然后指引洗手间的位置……他们基本都能判断客人可能发生的行为，然后快速响应、热情应对。

在用餐结束后，服务员会同样提供前置化的服务。比如，给客人主动打出菜单明细，告诉客人哪些菜品是赠送的、哪些菜品是半份，然后告诉客人总价是多少、折扣是多少、在哪儿付款，最后引导客人离开，跟门口的服务员一起送别并表示感谢。

可以看出，在整个服务流程中，海底捞的服务人员都表现出相当强的主动精神。他们不是等在每个流程节点上露出规定的八颗牙齿，做流程和制度规定的事情，而是加入了服务者的特点，主动、热情、用心，让人感觉到这是生动的一个人，而不是冰冷的服务零件或机器。

除了将这些规定动作做出彩，海底捞主动服务的另一个特点是主动创新。

2023年，因三年新冠疫情而备受打击的海底捞硬生生带火了"科目三"的舞蹈，成功引发了中式舞蹈的"全球大流行"。

"科目三"这个词原本是指驾照考试项目之一。在广西的一场婚礼上，有人跳了一段舞蹈为婚礼助兴，因为气氛热烈、效果爆棚被争相模仿传播，加上坊间流传"广西人的一生中会经历三场考试，科目一唱山歌，科目二嗦米粉，科目三跳一套丝滑小连步"，因此这段魔性舞蹈就被叫作"广西科目三"。起初"科目三"也只是小众乐子，海底捞餐厅在"科目三"爆火的路上起到了极大的助推作用，甚至外界以为"科目三"起源于海底捞。海底捞员工为满足顾客需求、活跃生日气氛，亲自下场跳"科目三"，在短视频平台引发了网友的模仿和传播。随后许多网友到海底捞打卡"科目三"将这波流量推向了高潮。有媒体研究分析，2023年11月之后"科目三"的百度搜索量突然暴增了十多倍，原因就是海底捞的员工"出手"了。

后来，"科目三"成了海底捞的一道"菜"。在一些海底捞门店，只需要对服务员说"我要科目三"，就会有服务员为你来上一段魔性的舞蹈：配合节奏鲜明的音乐，摇花手、扭腰、摆胯。"科目三"也让海底捞"赢麻了"，大小媒体争相报道海底捞员工舞蹈的视频，自媒体、短视频、微博等舆论场一段时间内充斥着海底捞员工自创舞蹈的话题，强大的"自传播"力量让海底捞再一次进入公众视野，赢得一大波免费流量。

其实，"海底捞科目三"爆火并非单一事件。在此之前，海底捞的美甲洗头、游乐园、生日服务、冰封玫瑰等特色服务先后出圈。其中，"冰封玫瑰"最早是茶饮圈的"鲜花杯"，原本是网友们的DIY自制，随着在网络的分享和传播开始出圈。2023年5月20日，海底捞紧跟热度，推出"冰封玫瑰"活动，只要是带着玫瑰花进店的顾客，海底捞就会免费提供透明杯和冰块封存。这些活动不断引起社会的关注与热议。

难能可贵的是，海底捞的这些"出圈"服务许多来自门店员工的自发创造。据说，"冰封玫瑰"的创意来自其太原的一家门店经理对顾客的安慰,"海底捞科目三"的意外走红源于山东青州门店的花式创新,"洗头"服务最先是在无锡店发起……只有想不到,没有做不到,想尽办法烘托门店气氛,吸引年轻消费者,在不断地深化服务中给消费者提供情绪价值。

海底捞倡导"与人为善",引导员工换位思考,主动积极地理解和回应顾客的需求,同时奖励员工创新。海底捞的管理者认为,一线员工才是最懂消费者的人,理应由他们结合实际情况,去想办法,去贴近每一位消费者,将"客人一桌一桌抓回来",并实现与消费者的深度连接。因此,他们将权力下放,赋予区域和门店更大的自主权,同时在制度上,通过改良计件工资制、修改工资制度为"低底薪、高提成",将店长变成"合伙人",从制度上保证一线的活力。

2023年上半年,海底捞实现营收188.86亿元,较2022年同期增长24.6%,净利润22.58亿元。整体业绩表现不仅恢复甚至超越了新冠疫情前水平。

可见,服务不仅是一个吸引顾客的手段、一个攻城略地的产品,还是一个至关重要的战略,并蕴藏着一种先进的企业经营理念。

第七章 服务力修炼

# 顾客中心战略

在战略选择上,迈克尔·波特提出了三种卓有成效的竞争战略:总成本领先战略、差异化战略和专一化战略。不过,在我们看来,战略的核心是考量选择产品中心战略,还是选择顾客中心战略。

产品中心战略指的是以产品为中心,将产品做到极致,使产品成为消费者的第一选择。产品自己会说话,能走路。例如特斯拉、苹果就是如此。苹果的智能手机一出来就风靡全球,让昔日的手机霸主诺基亚顷刻间土崩瓦解;特斯拉新能源汽车也是产品极致主义的追求者,因此尽管刚开始是汽车业的无名品牌,尽管早期产品的售价高达八九十万,依然有发烧友追随购买。然而这两个品牌的服务并非已做到完美。比如,苹果手机的服务需要额外收费,特斯拉也曾遭遇"上海车展车主车顶维权事件"的舆论危机。这些短板似乎并没有影响其产品在用户心目中的形象,用户依旧追捧其后续的产品,为其高价格买单。

不少奢侈品品牌也是典型的产品中心战略。它们的观点是,消费者并不知道自己到底需要什么,企业必须通过自身的创新产品努力并不断引领消费者的需求。比如，爱马仕的经营管理者常常强调，他们没有试图去了解顾客需要什么，而是带领顾客走进他们的世界。

乔布斯也曾这样说："不用做调查，消费者并不知道他们需要的是什么，而苹果会告诉他们什么才是潮流！"

顾客中心战略则是以顾客为中心，不断洞察和满足顾客的需求，从而建立信任度和品牌形象。这里面的重点是清晰界定你的目标客户，构建独特的价值主张，形成独特的品牌个性。

以顾客为中心是美国市场营销大师菲利普·科特勒营销思想的核心。他在《营销管理》一书中指出："企业的整个经营活动要以顾客满意度为指针，要从顾客角度，用顾客的观点而非企业自身利益的观点来分析考虑消费者的需求。"

在中国，任正非"以客户为中心，以奋斗者为本"成就了华为；"以用户为中心"成就了卡萨帝；"服务至上、顾客至上"的理念成就了海底捞。在国外，沃尔玛强调"顾客第一"，麦当劳坚持"顾客至上"，丰田汽车则宣称"客户第一"……

不过，产品中心战略和顾客中心战略并不是二元对立的，也非零和关系。事实上，即使是产品中心战略的信奉者，心中也要装着顾客，把自己当作一个超级顾客；即使是顾客中心战略的秉持者，也需要在产品方面做到优秀和卓越。

随着时代的进步和竞争的加剧，顾客中心战略显然拥有更多的拥趸。这是因为，市场上的主权正从企业一方让渡给消费者，掌握话语权和投票权的消费者希望获得更多，不仅仅获取产品和售后服务，还希望获得参与感和决策权。这就对企业的服务提出了更多、更高的要求，服务本身上升为一个战略，服务部门从原来的一个普通部门上升成为一个战略部门。

相对而言，顾客中心战略比较复杂，因为企业需要不断响应和服务顾客，还要竭力超越顾客的期待。这就需要长期主义的战略思维。不过，仍然有许多先锋企业勇敢地踏入这个行列，比如前文所述的卡萨帝、慕思等品牌。

20年来，慕思坚持为广大用户寄赠圣诞礼物的做法广为流传。这个活动在公司成立的第二年即2005年就开始了，凡在全国线下门店购物满一定额度的消费者，即被认定为慕思的VIP客户，会在每年的圣诞节收到一份精美礼物。如今，慕思的圣诞礼物已经送了20年，成为"最长情的告白"。这早已成为慕思与很多老用户间的年度惊喜之一和心灵默契。此外，对于超过十年的用户，还会收到总裁亲笔写的一封信。

如今，圣诞礼物行动已成为慕思服务的一项重点工程，由于其VIP客户的数量已从当初的几千人上升至现在的超百万人，因此，每年的这项活动耗资不菲。如此巨大的支出慕思并没有觉得是浪费，反而每年提早精心策划、认真挑选，并提前进行制作和打样，务必让所有人在打开礼盒的一瞬间，都充满了快乐和惊喜。事实上，每到圣诞季，来自用户的惊喜和感谢经常出现在朋友圈分享中，"#慕思圣诞礼物#"话题更成为12月消费领域的现象级话题之一，屡登小红书、微博等热榜。

慕思的核心价值观有三个关键词，分别为客户满意、整合创新和合作共赢。其中客户满意放在第一位。在它看来，消费者购买产品之后，并不是服务的结束，而是服务的开始。

卡萨帝是追求顾客中心战略的典范，它甚至将此上升为一种全新的"人单合一"的经营哲学。以此为原点，卡萨帝不但颠覆了组织流程，建立了大规模个性化定制模式，而且催生出基于个性化的大规模智造生产模式，其背后是信息化、数字化、网络化、智能化的全面打通。在卡萨帝看来，工业化时代的创新多以企业为中心，是单点创新，关注最多的是产品、技术和渠道，卡萨帝则坚持以用户为中心的创新，是全链路的创新，是物联网时代与用户交互的开放式创新。从用户的维度来看,他们需要的不是一个单一产品,而是多元化的场景、个性化的定制、终身化的迭代。

传承了海尔"真诚到永远"的理念,卡萨帝在服务体系的建设上更上一层楼,在全球首发了"七星级服务"标准,旨在构建售前、售中、售后全流程高端服务体系,建立全球家电服务的最高标准。其服务体系的建设只有一个标准,那就是真正实现"让用户满意",令其获得最好的体验。

具体来说,卡萨帝七星服务共分为 1～7 个星级服务标准,其具体服务内容包含了免费上门设计、免费测水电、产品送装一体、免安装材料费、免费清洗、用户关爱、VIP 用户产品终身保修等领域。同时,针对高端用户的群体特性,卡萨帝在家电行业通用的服务标准基础上进行了升级。例如,卡萨帝服务团队拥有专属的服务工装和专属服务道具,细节之处展现对用户体验的重视。同时,卡萨帝还在各地建立了专属的金牌服务中心,为七星服务更快更好地落地提供保障。

除此之外,卡萨帝也针对不同用户需求提供了不同的高端服务解决方案。例如,卡萨帝空调针对空调服务特性推出了"十免服务",为用户免去了高空作业费、打孔费、清洗保养费、维修费等;卡萨帝热水器承诺用户产品保修期为 10 年,且在 10 年内可以享受专业清洁和深层保养;而卡萨帝洗衣机则推出了免费加长管、保修期内免费移机以及健康保养等服务。据了解，这些服务项目在家电行业乃至制造行业中，均属于耗时长、成本高、难度大的项目，卡萨帝主动向用户推出上述服务项目，其服务已经达到较高标准。

之后，卡萨帝又推出"真诚社群 全程管家"服务模式，通过建立以用户为基础的社群生态，打通交互、交易、交付的全流程用户体验，形成服务生态圈与社群并联交互的服务模式，力求"从用户中来，到用户中去"，让用户参与，邀用户共创。

总之，卡萨帝七星级服务一方面通过七大服务体验完成对用户的极致关爱，另一方面通过前置化、成套化、场景化、精致化、仪式化、数字化、口碑化等平台模块完成了对用户消费旅程的全流程闭环服务，持续深化高端用户的极致体验。这也成为其在中国市场战胜国际品牌的关键一环。

## 超级用户

在人口红利、流量红利不断丧失的情况下，品牌要在各个平台去获取新客户所付出的成本越来越高。与其漫无目的地撒网式推广，不如深耕老客户，深挖他们的需求。正如罗比·凯尔曼·巴克斯特在《引爆会员经济》一书中表达的观点：今天获取新用户前所未有地难，与其花大钱去获取新用户，不如深耕老用户。

慕思始终坚持感动式服务和"好睡眠，一生相伴"的承诺。2013年，它借鉴了国际先进服务标准和流程，对用户服务工作进行了大量的探索和实践，力求使之标准化、体系化、制度化。"金管家服务"管理体系的推出，标志着慕思服务体系开始成型，并开始探索深度护理服务标准。

它的"金管家服务"包括5大方面。

一是"一站式"购物体验，可以在4S专卖店享受专业健康睡眠顾问提供的服务，得到完整的睡眠方案建议；

二是"七彩阳光"配送安装服务，在购买产品后得到以"七个一"为标准步骤的高标准、高规格配送安装服务；

三是"金管家"客户关怀，在客户使用产品过程中，慕思定期跟踪关心客户的睡眠问题，呵护睡眠健康；

四是"全程无忧"售后服务，如果客户对慕思产品不满意，慕思将按三包政策向其提供专业的售后服务，确保客户售后无忧；

五是"感动式"增值护理服务，客户购买慕思产品后，慕思公司将定期为其提供超越客户期望的增值护理服务，包括深度护理、产品保养、拆洗拆装等。

可以看出，慕思的金管家服务也是围绕以客户为中心的全流程体验展开的。

从 2016 年开始，慕思将"免费除螨"纳入金管家服务体系。每年为 VIP 提供家庭除螨服务，累计为百万慕思老用户提供了超 300 万次的免费除螨服务。根据慕思委托第三方的调研统计，此举带来的客户满意度竟然高达 98.8%。

2018 年，"超级用户"成为一种相当热门的商业思维，它来自《超级用户》一书，其副标题是"低成本、持续获客手段与赢利战略"。这本书大大发扬和强化了原来的"忠诚用户"概念，提醒企业要重点关注自己占 10%～20% 的超级用户，找到、了解、吸引和依靠他们就能给企业带来 70% 的增量。

慕思是率先将这一理念引入企业经营实践的家居行业。慕思金管家服务通过服务品牌化将培育超级用户作为核心目标，并提出"打造超级用户就是打造超级信任"的观点，给出了一个"超级信任"公式：信任度 =（可靠度 + 可信度 + 亲密度）÷ 自我中心。

在慕思看来，超级用户是指高信任度、高忠诚度的用户，对品牌绝对忠诚，是品牌的忠粉、铁粉。吸引客户投入更多的感情是超级用户战略的主要意图，超级用户认可你的产品和理念，他们会一次次地复购，甚至变成你的传播者和销售者。这无疑对销售和企业盈利起着重大作用。2019 年的一项慕思高端用户调研发现，当问及客户为什么购买慕思时，他们很多人第一反应都是因为朋友推荐。其中一个超级用户甚至给慕思先后介绍了十多个新用户。

有一位超级用户曾坦言，慕思服务"前不见古人，后不见来者"。她在朋友圈这样写道："这么多年来，慕思一直坚持年年回访，赠送礼物，又为我们做了除螨清洁服务，我们打心眼里感谢他们。作为一个客户，能用什么回报他们呢？只能向朋友们推荐慕思产品。金杯银杯，不如顾客的口碑。"

同样值得注意的是，金管家品牌的正式发布，将慕思的"超级用户"思维推向了战略高度。企业的市值多少并不重要，很多机构评选的品牌价值多少也不重要，甚至公司的盈利多少也没那么重要，重要的是一个企业拥有的超级用户的数量。超级用户的数量决定了企业的价值高低和未来发展潜力。

因此，服务力修炼的核心目标就是增加超级用户的数量，这也是新零售的本质。

2020年9月，慕思开启首次以粉丝为主题的"超级慕粉节"。这场投入巨大的粉丝福利活动，将慕思的"超级用户"营销实践推向了高潮。打造一个真正以慕思粉丝为主角，"专为慕粉而设"的宠粉活动，一方面是为了感恩全国上千万粉丝，另一方面是让更多人以更好的优惠享受到更优睡眠。从创立至今，慕思服务了千万客户，也积累了众多的"超级慕粉"，比如刘德华、王石、吴晓波、张歆艺、郁可唯等。"超级慕粉节"实现了线上、线下融合和"实力宠粉"。一方面，通过"睡前脱口秀"的方式，与慕粉们探索健康睡眠的无限可能；另一方面，还为粉丝们设立了多项专属特权，如爆款产品活动专价、超级福利、新品率先试用特权、产品共创特权等。

如今，"超级慕粉节"已连续举办四年。每一次都不是简单的会员优惠活动，而是通过与名人和综艺节目结合，通过精心策划的方式，与用户进行一次深入沟通。比如2021年第二届"超级慕粉节"亮起"凡事靠边，睡觉优先"的好梦宣言；2022年第三届带来"打造我的理想家"新理念；2023年第四届提出"家有慕思睡得香"，并计划一年内为慕粉们带去10场睡眠文化之旅、100场演唱会、1000场线下福利活动……

尽管如此，慕思仍不满足，不断把粉丝宠向新高度。2023年9月，金管家服务升级为"金管家1V1管家式服务"，整合原有服务的同时，将"慕粉"权益增至十项，包括售前-售中-售后全覆盖的1V1管家式服务、专属睡眠顾问服务、私人定制服务、全生命周期的除尘除螨服务、慕思全球睡眠文化之旅（10场）、DIY活动礼遇（如慕思演唱会门票等）、沙龙活动礼遇（1000场线下会员活动尊享）、积分商城礼品兑换（包括健康权益如体检、洁牙等，慕思酒店免费房兑换券等）、VIP出行贵宾权益（机场、高铁商务休息室）新年礼遇。服务权益覆盖睡眠、出行、玩乐、住宿、节日、健康等场景，这让人不禁感叹，能够成为慕思的用户，真是满满的幸福！

| 健康睡眠解决方案提供 | 睡眠咨询服务 | 私人定制服务 | 积分商城礼品兑换 | VIP出行权益 | DIY活动礼遇 | 沙龙活动礼遇 | 独享除尘除螨服务 | 睡眠文化之旅 | 新年礼遇 |

图 7-1　慕思睡眠管家

如今，慕思的1V1管家服务的客户等级也分为黑钻、钻石和金卡。如果年度购买产品金额达10万元以上，还可享受相应级别的医疗服务、陪护服务以及机场和车站接送服务。在深圳机场贵宾楼，慕思还设立了专属VIP厅，这是该机场唯一由民营企业参与打造的贵宾休息服务区。

总的来说，慕思的"顾客中心战略"就是让潜在用户成为慕思的用户，让用户成为慕粉，成为慕思的传播者、销售者。目标是让每位买到慕思产品的顾客，再推荐身边的人购买慕思。

这一点，慕思基本上做到了。

## 两大原理

服务力的重要性体现在以下两个原理中。

第一，生意原理。传统上，人们认为生意的基本原理就是谋利，就是成本控制和供求关系。这是一种初级的、以自我为中心的看法。站在更高的、以顾客为中心的维度看，其实所有的生意都是围绕黏性、不可替代、时间占用三个维度展开的。

"黏性"，指的是客户对品牌或产品的忠诚、信任与良性体验等结合起来形成的依赖感和再消费期望值。简单来说，就是客户离不开某个品牌，对品牌产生强烈的依赖。

"不可替代"是指产品或服务的不可替代性，在市场中具有独特的地位，消费者使用之后发现很难被其他的东西替代。十年前，微信作为早期的社交平台，具有不可替代性。近年来，伴随着抖音等短视频社交媒体的兴起，很多人已经对抖音有了不可替代的印象。中国民营企业研究中心发布的"2022全球独角兽企业500强"榜单显示，字节跳动以19500亿元人民币，约合2890亿美元估值位居榜首，超越了腾讯。

"不可替代"不仅是指产品的独特性,更包括以品牌为代表的总体实力。也就是说,这个品牌在人们心智中具有第一甚至唯一的强势占位,以至于客户基本上不再考虑换其他品牌的产品。其中的原因在于,一旦换了其他品牌似乎就相当不适,这背后既有产品的原因,更有心理层面的认知原因。

"时间占用"则指品牌或产品每日占用消费者的时间——越久越好。例如,抖音视频软件就具有这方面的"超强"能力。以笔者为例,尽管自诩自律能力相对较强,但抖音仍然在不知不觉中占用了较长的时间,令自己时常懊悔,自己竟然也"沉迷"于刷视频。著名作家莫言也曾坦言,自己在观看抖音短视频后并无实质收获,却不知不觉耗费了很长时间。可见抖音在"时间占用"上的能力。

所以,睡眠行业一定具有广阔的市场空间,原因就是每个人的睡眠时间基本都占据一天时间的三分之一,如此长的时间占用,一定会造就一个规模不小、能赚大钱的行业。

第二,信任度原理。打造高端品牌,与做人的道理具有一定的相似性。哈佛大学教授大卫·梅斯特(David Maister)曾经提出一个信任度公式,信任度=(专业能力+可靠+亲密)÷自我。慕思根据此公式提出了自己的"超级信任"公式:信任度=(可靠度+可信度+亲密度)÷自我中心。

其中，公式中的分子有三个维度：

一、可靠度，你的品牌（人）是否靠谱，能否被依赖？如果言行不一，有始无终，缺乏目标感与责任心都会被人认为无法依靠。

二、可信度，你是否有实力兑现承诺？可信度往往与专业能力有关，即你有解决专业领域问题的技能，制造出来的产品让人觉得可信。

三、亲密度，是指与客户的关系让人舒服。品牌与客户之间的关系是否亲密？如果一周或一个月聚一次，就代表着亲密。

分母中的"自我中心"则是指品牌（人）的自私度，是否只关注自己的利益？这样无论交朋友还是做品牌都是无法长久的。相反，你关心别人的需要，关心别人的价值，有利他主义的理念，那么别人自然也会关注你的产品和品牌。

这一点正变得越来越重要。那些热衷于奉献、关注员工与顾客、真诚利他的品牌越来越受大众的欢迎，如鸿星尔克、胖东来、福耀玻璃，等等。

由此可得出结论：高端品牌的信任度来自专业实力、与客户的亲密沟通以及"以顾客为中心"的理念。

**问题与思考**

1. 你公司实施的是产品中心战略还是顾客中心战略？

2. 如何定义你公司的超级用户？怎样进行分级会员管理？

3. 公司内部顾客满意度考核指标体系如何设计？

4. 选择提升超级用户的核心项目，并设计关键流程。

# 第八章

## 销售力修炼

METHODS
FOR BUILDING
EXCELLENT
BRANDS

销售力修炼是所有经销商的必修课,也是高端品牌不能回避的重要环节。缺失了这一环,高端品牌的塑造将难以持续。

一个优质的产品,如果没有强大的销售团队和完善的销售渠道,很难走进消费者的视线,更不用说占领市场份额了。

如果将品牌推广比作"空军",产品力、制造力是"战备保证",那么销售就是"陆军"。"空军"再强也不能取代"陆军"的作用,后者是用来占领"阵地"的。就像现代战争,尽管有激烈的电子战,有强大的空中优势和导弹攻击,最后还是要陆军出面占领阵地。因此,销售力的修炼和产品力修炼一样,是高端品牌成功的基石。

销售力亦称"渠道力",也即销售网络。它分为直营和加盟两种模式,同时又分为线上和线下两个渠道。

直营和加盟各有优势,前者贯彻公司的意志比较彻底,执行效率高,后者则有调动社会资源、资金和本土化经营等优势。目前来看,大部分企业选择的是经销商加盟模式。

至于线下和线上,过去包括奢侈品在内的高端品牌重视线下店面独特的购物体验。但正如在数字化力修炼中所讲的那样，如今，数字化营销不仅是一种趋势，更是奢侈品品牌在市场中保持竞争力的关键。因此，高端品牌必须关注和布局建设线上的营销渠道。

早期，在经销商大会上，慕思会专门培训经销商的销售力。后来，在加强传统门店、电商布局的同时，慕思积极开拓新零售、直播带货、短视频销售等新渠道，持续创新营销模式，提升客户的转化率及复购率，以实现多渠道端口触达消费者。在新冠疫情发生的时候，这些布局发挥了巨大作用。

## 两大维度

销售力的打造有两个核心工作：一是经销商团队的打造；二是专卖店连锁体系的打造。

### 一、打造经销商团队

有的企业会先在北京、上海、广州、深圳等典型城市建立直营店面，其目的是建立并验证店面的经营模式，建立一套标准的连锁体系。一旦成熟，就立即在其他省市进行加盟复制。因此，经销商团队的建设是渠道建设的核心。

很多餐饮企业采取的都是直营连锁模式，认为直营更好管理。其实，找到一种合适的管理方法，管理到位，加盟店一样可以像直营店那样提高执行力和运营效率，提升销售力。

在建设经销商团队上，有三点很重要，值得注意。

1.与经销商有共同愿景、共同价值观，要以文化精神作为引领。慕思倡导"一家人、一件事、一起干"。每次年会经销商都会重复这句话："一家人一件事一起干；慕思不倒我不倒，我跟慕思干到老。"一家成功的企业，离不开厂家与经销商之间共同价值观的引领，仅仅靠利益牵引是远远不够的。

2.建立守信的契约精神。部分文化水平相对较低的经销商，在某些时候行事风格并不严谨，一心只想挣钱，并不在乎那么多条条框框。高端品牌奉行的是长期主义，而不只是短期谋利，因此，必须对经销商团队提出高标准严要求，要有诚实守信的生意观，也要有愿赌服输的契约观。想要打造一支冠军团队，就要筛选高端品牌的经销商，一定要优选价值观相近的伙伴进行合作。同时，建立一套管理体系、激励体系、制度体系，包括广告怎么投放、培训怎么进行等。最后，对表现优秀的经销商给予相应的奖励，对表现不佳的则予以处罚甚至淘汰。想要成为冠军品牌，就得有冠军的品质、冠军的体系、冠军的能力才行。

3. 与经销商的关系应是从利益共同体到目标共同体，再到命运共同体。20 世纪 90 年代，华帝就提出打造与经销商的"利益共同体"口号，后来又提出建设"目标共同体"和"命运共同体"。

## 二、打造专卖店连锁体系

在高端品牌建设的过程中，终端门店的形象至关重要。它不仅展示产品，更是品牌的"门面"，代表了品牌的形象，更传递着品牌价值观。终端门店是消费者感知品牌的重要场所，里面的环境、销售人员、服务及产品等多个方面都对消费者产生着无形的影响。因此，终端门店的建设是展示高端品牌价值的关键环节，如果终端门店给消费者的印象不佳，即便企业总部的品牌策划与推广工作出色，品牌宣传力度强大，也可能只是加剧负面效应。慕思的 4S 标准店覆盖了销售（sales，包括顾问、店长、跨职能部门）、展示（show，包括店长、督导等）、服务（service，包括售中、售后）、信息（survey，包括顾问、跨职能部门 / 店长等）四个维度。

同时，专卖店管理也是销售力建设中最核心的工作。建立起经销商网络并不困难，真正难的是让每个店面都能存活下来，都能高效运转并且盈利。这就不能任由经销商随意经营、自生自灭，而必须由品牌方总部提供系统的规范和指导。这套体系一定不能复杂，也不要求店长或投资者一定要大学毕业，而是实现简单化管理。不少企业聘请的顾问公司往往将简单的事情复杂化，以获取最大的收益，但企业运营则必须追求简单，确保所有经销商都能够准确理解并落地执行。

在终端管理运营方面，经过长达20年的不断实践、迭代，慕思建立了较完善的4S专卖店管理体系——内部称为"3321原则"，即"3个目标、3个方法、2个基础、1个督导"，达到专卖店管理的标准化、公司化、精细化。其中，"3个目标"为利润、业绩、满意度；"3个方法"指规划与目标、培训与赋能、组织能力与建设；"2个基础"为流程、制度；"1个督导"为执行/检点。

"3个目标"：现在，一些企业对经销商的KPI考核指标太多，有七八个甚至十来个，这就把管理弄复杂了，加盟的店老板怎么可能记得住、应付得来？最后区域经理也疲于应付，难以管出实效。专卖店管理应把利润、业绩、满意度作为三个目标管理点。抓利润的目的，就是真正把它变成企业的一个健康细胞,这样它才真正具有活力。为什么要设立满意度指标?原因是很多经营管理者一旦把业绩、利润做起来,就可能"萝卜快了不洗泥",把顾客满意度抛之脑后,甚至会采取一些能坑就坑、能少给就少给的短期行为,这样看似有了利润,但顾客满意度不高,很快就会影响来年的业绩。

"3个方法":有了目标后,就要制定执行方法,如构建组织体系、培训赋能经销商、会议管理等。在明确年度目标的基础上,做好组织能力建设,确保客户、数据和组织目标的实现;有了组织体系,则要加强培训和指导,并对相关人员的基本功进行考核,再制订培训计划并实施。此外,企业还要利用晨会、夕会、店长周例会、月度例会、活动专题会、年度总结复盘会等各种会议进行反复校验和完善。

"2个基础":围绕目标与方法形成一套基础的流程和制度,如薪酬待遇制度、会议管理制度、培训管理制度、日常运营管理制度、上撤架制度等。规范化、流程化、制度化的目的就是确保加盟商们在出差的时候,到总部开会的时候,店面依然能够正常运转。同时,确保每个员工都清楚基础工作如何高效推进,如店面接待、安装售后、服务流程、员工形象管理、陈列展示标准,等等。

"1个系统"：建立督导系统，慕思总部有市场监察部，省区营销有4S督导，经销商有督导部监督。总部运用督导工具、定期复盘等反复核查，确保各门店具备统一的陈列、灯光、色温，员工的妆容和服饰规范一致。有时，督导会假扮客户，检查销售顾问今天销售用语是否正确，有没有穿工作服，头发有没有搞好……总之，每个经销商的专卖店都有一套督导系统覆盖。

# 三大目标

这里再展开讲一下慕思4S管理的三大目标。

### 一、利润如何提升

在慕思看来，利润与四个方面的要素有关：预算管理、产品利润规划、仓储管理、公司政策。其中，预算管理关联三个指标：

1. 提升坪效，管理好面积利用率，让商品呈现价值最大化；

2. 提升人效，这是提升经营利润的重要抓手；

3.财务分析维度,针对流动资金、固定资金与费用支出等维度进行分析。

产品利润规划则包括了三个指标:

1.折扣控制,打造良性可持续发展的价格管控市场;

2.提升客单值,制定客单值标准,提升客单值,提升门店业绩;

3.商品规划,规划产品结构,提高高利润销售产品占比。

有了全面的产品规划,店面才有可能盈利。很多专卖店没有详细的计划管理,在促销过程中给了很多折扣或赠品,不知不觉就把利润送掉了。将高端产品卖多一些,将低端产品尽量少卖,其中是有技术含量的;折扣怎么控制,客单价怎么提升,这背后也是有方法的。

仓储管理也与三个指标密切相关:

1.良性资金周转率。通过订单管理优化库存、实现销售预测;

2.滞销控制,滞销预警。通过数据分析,对销售预测,控制 SKU;

3.仓库管理。规范化、系统化、管理仓库进、销、存。

## 二、业绩如何提升

业绩与哪些要素密切相关？显然，首先是开店数量，数量越多自然越有助于提高销量；其次是单店提升，如果能将每个店的业绩提升 10% ~ 20%，那么带来的增量自然可观。除了这两个基本点，慕思还重点抓了其他三项工作：如何进行有效的前置营销；如何利用异业联盟的形式多出单、实现低成本精准营销；如何对目标进行激励以鼓励市场销售一线人员的积极性。

让我们展开讲一下。

1. 掌握开店模型。首先要进行市场容量评估与分析，从人口、经济、行业等分析品牌在当地的市场规模；其次要做好布局组合，合理规划系列布局组合，提升区域销售规模及利润；最后则是开店筹备，包括位置、资金、竞品、团队、活动等。

2. 单店提升。扎实基本功，包括专业、基础、技能、系统；打造大 IP 活动；建设商场生态圈，共享客户资源，常态化相互带单，满足客户装修全过程需求，最终实现多品牌共赢。

3. 前置营销。让销售动作走到客户需求的前面，引流前置到客户装修流程的前端，采用多元化分销模式，先做朋友，再做营销；专卖店不能等客户进来，而要经常思考和布局，怎么进行意向客户的获取，怎么进行主动营销，主动拉客进来。

4. 异业联盟。面对国际金融危机，2009 年，姚吉庆作为核心发起人推动成立"冠军联盟"，该同盟由泛家居行业中六大品类的头部品牌共同发起组建，包括欧派家居、红苹果家具、大自然地板、美的空调、东鹏陶瓷、雷士照明等品牌。不同行业的品牌跨界合作，目的是相互借力，整合各自资源的优势，最终实现业绩、品牌的整体提升。

5. 目标激励。包括业绩刷新机制、全年奖励、股权奖励、阶段奖励、日常销售奖励、对赌 PK。

### 三、满意度如何提升

满意度包括四个指标：销售体验满意度、销售产品满意度、增值服务满意度、品牌口碑满意度。无论总部的品牌推广工作做得有多好，最终与顾客发生实质关系的店面才是关键的品牌触点，代表着真正的品牌形象；同样，与顾客对接的每个店员、每个销售顾问的每个动作都关系到品牌的实际价值和实现。因此，这几个满意度指标实在是太重要了。

1. 销售体验满意度。包括心态、销售道具、互动讲解、设计方案、员工形象等。

2. 销售产品满意度。用户通过体验一个品牌的产品，得出品牌的产品感知和期望值。以慕思终端销售为例，客户来到慕思门店购买产品时，导购会引导客户先通过 TS 系统测试得出参数，然后根据参数推荐符合客户的产品；通过结合测试，让客户体验产品；提供多套产品与预算匹配的定制解决方案；结合店面氛围布置、店面样品，给客户打造极致的整体服务。

3. 增值服务。慕思金管家服务包括订单管理、物流仓储、配送安装、客户关系、增值服务、售后处理等。老客户维护包括对老客户进行分级、制定匹配老客户的权益方案、组建专职的客户服务团队、制定工作标准、培训及考核、合理分配老客户资源、定期检点目标，动作、设计互动，拉近距离、建立关系等。CRM/会员管理，包括售前管理，如微信、购物中心、团体活动、智能设备监测；售中管理，如客户体验、智能测试、跟踪管理；售后管理，如送装服务、定期礼物关怀、会员管理、积分制。

4. 品牌口碑。涵盖知名度，包括门店建设、城市及商场广告投放、大型活动推广、异业联盟生态圈打造等；美誉度，包括金管家服务，售前、售中、售后服务满意度；忠诚度，包括产品及服务价值高度认可、重复续购及客户转介绍、成为超级用户（依赖度，包括品牌口碑建设的终极目标），传播自然健康家居文化、企业文化价值观等。

## 电商重要性增强

长期以来，包括奢侈品在内，高端品牌的销售一直在线下专卖店或体验店进行。这是因为线下店面能够提供不可替代的全方位体验，能够让顾客充分感受到品牌的梦想与魅力。

它们与迅猛发展的电子商务保持着距离和戒备。不可否认的是，电子商务中有一些廉价甚至虚假的商品，价格似乎是线上销售永远的主旋律，这令注重形象的高端品牌们时刻保持距离及戒备。

电子商务始于1997年，2010年之后开始"移动"化，2020年国家开始对互联网产业进行深度调整，在国家相关产业扶植政策的大力推动下，我国电子商务取得了举世瞩目的成就。

2005年，中国电子商务市场交易额还不到1万亿元（6800亿元），到2010年便猛增到达4.5万亿元，2015年这一数字迅速攀升至 20.8 万亿元，2020 年交易额继续上升至 37.21 万亿元，2023 年则增长至 46.83 万亿元，而网上零售额则连续 11 年稳居全球第一。

换个视角来看，电商发展如此迅猛，几大互联网电商平台每年都有炫目的 GMV 数据。但 2023 年实物商品网上零售额占社会消费品零售总额的比重为 27.6%。也就是说，近八成的消费品销售是在线下实现的。

同时，尽管经历了从互联网或移动互联网的进化，从 B2B、C2C 到 S2B2C 的模式迭代，也经历了网络商务、内容电商、社交电商、直播电商的迭代，但总体而言，面向 C 端的电子商务仍然停留在价格营销层次，只是换了种玩法、形式或平台而已。

这种现象在新冠疫情的三年间达到疯狂的地步，到处都是"全网最低价"的喧嚣叫卖声。这令经历了数个经济周期的企业家担忧。2020 年，还是海尔集团 CEO 的张瑞敏在一次公开论坛上表示："直播真的非常红火，一晚上可以上亿。但是所有的直播带货，不管你多么红，都缺不了一句话——全网最低价。很可怜，你要进入价格战了，因为你没有什么新鲜的东西。"

是的，家电行业曾是价格战的鼻祖，早在 20 世纪 90 年代就将之演绎得淋漓尽致。那些率先挑起价格战的品牌要么沦为庸常，要么消失不见。那个时候，海尔就开始了价值战的攀登，提出了自己的名牌战略和国际化战略，同时于2006年创立了自己的高端品牌。

时至今日，虽然互联网上诞生出不少的"淘品牌""潮品牌"，但其总体境况让人担忧，因为从一些品牌的发展路径来看，如果不进行线下布局，这些品牌是持续不下去的；但是，由于长时期形成的互联网路径依赖以及牺牲利润追求市场规模的模式，它们要想转型也难如登天。

有一天，笔者与一个电商品牌老板聊天，对方告诉笔者有60%的毛利，纯利只有8个点。笔者觉得非常诧异，因为60%的毛利至少应该有20%的纯利。为什么这么低呢？那位电商品牌老板后来解释了原因：做电商的费效比（ROI）是1∶2，即投入100万元的广告，只能获得200万元的销售额——这在电商品牌中已经算高的，很多品牌的费效比更低，还会面临极高的退货率，再加上现在物流费用、流量费用越来越高，因此，目前线上和线下的成本已经差不多了，有可能线上成本还更高些。可见，传统的电商已经度过了它的顶峰期，视频和直播电商目前虽然还有一定红利，但也将很快面临成本的不断抬升和利润空间的不断缩小。

从淘宝、京东到拼多多、快手、抖音，无一不是从低价发展起来的大众电商。其间诞生的唯品会虽然瞄准的是名牌或奢侈品，但主打的是折扣，成为"一家专门做特卖的网站"。其一方面网罗大量国外的二、三线时尚精品，另一方面帮助国内线下门店处理库存和过季商品，并对当季商品进行限时折扣。曾经，它似乎迎合了中国高端消费不断升级和奢侈品行业快速发展的潮流，一度登陆纳斯达克，被誉为"特卖电商第一股"，但由于缺乏品牌的授权，遭到奢侈品的抑制而陷入危机。真正主营高端品牌或奢侈品的购物平台并没有出现。相反，在北京、上海、南京等一、二线城市，一些主卖奢侈品的高端时尚商场的发展前景依然可观。

不过，高度内卷的互联网电商正迎来重大转折。尽管对价格、性价比商品的追逐依旧，但随着2018年国潮风的兴起，人们不仅开始迅速接受国货，而且在网上购买的商品开始向中高端升级。在很多行业，一个明显的趋势是，大众市场的电商发展遇到瓶颈，而高端市场增速呈明显加速之势，成为新的增长点。

京东发布的《2022个人洗护趋势报告》显示，消费者购买高端品牌的趋势明显，产品销量同比增长超90%，高端线销售速度甚至达到114%。相比之下，大众洗发护发市场产品的规模增速只有个位数字。

以奢侈品为例，它们在中国开始布局电商，最早是从天猫、京东这样的综合性电商开始的。比如，2014年

BURBERRY 就入驻了天猫。彼时，综合性电商平台于奢侈品牌而言，更像是一个品牌展示的场域。在线上，受欢迎的商品也多为包袋、美妆、手表等入门级产品。

2020 年发生的新冠疫情，是奢侈品电商化向前大跃进的一个契机。以线下消费为主的奢侈品行业遭遇滑铁卢，不得不向线上寻求机会。同时，线上浏览和购买便利性大大提升了消费者的购物体验，还可以展示更多的品牌信息和产品并能去掉中间环节，这些优势大大提高了奢侈品品牌的积极性。

2023 年 8 月，意大利品牌 GUCCI 宣布与京东达成战略合作，GUCCI 京东官方旗舰店同步开启运营。据悉，GUCCI 是继 BOTTEGA VENETA、QEELIN 之后，开云集团旗下第三个官方入驻京东的品牌。迄今为止，包括 LOUIS VUITTON、GUCCI、TIFFANY、BOTTEGA VENETA 在内的全球 9 成以上奢侈品大牌已入驻京东。这些品牌可以在线上通过更便捷、人性化的数字化购物体验，向消费者呈现其多元的时尚美学和百年传奇工艺。

近几年，奢侈品电商行业迅速崛起成为全球零售业的一大亮点，很多品牌以其独特的优势和灵活的销售策略吸引了越来越多的消费者。据市场研究机构预测，到 2025 年中国奢侈品电商市场规模将达到 1.1 万亿元，成为全球最大的奢侈品电商市场。

高度注重品牌调性、体验和服务的奢侈品尚且如此,中国高端品牌自然必须更积极地拥抱线上。当然,线上不仅仅是销售的平台,更是集品牌展示、体验提升和消费者互动于一体的无限空间。

不过,目前高端品牌电商面临的困难也不少。

1. 品牌的官网和自主开发的微信小程序等渠道往往只能触及一小部分用户,在规模上十分有限,无法成为卖货的主力。

2. 综合类电商平台虽然卖得较多,但厂商之间往往面临价格统一和优惠、品牌形象和市场规模之间的矛盾。

3. 垂直类和社区类的高端品牌电商平台虽然适合高端品牌的调性,但发展普遍较晚且往往把目光盯向奢侈品,还没有形成较大的影响力。再加上购买体验和服务很难完全在线上实现,也使其电商业务的发展存在诸多难题。

显然,线上、线下一体化是未来高端品牌的必然选择。甚至,一些新创立的高端品牌会将线上作为自己出征的首发市场。

## 新渠道　新市场

对成长中的高端品牌而言,除了自己的专卖店体系和线上分销体系之外,广开渠道依然是支撑业绩增长的不二法宝。高端消费群体的个性化与圈层化特征,也意味着品牌必须针对不同受众展开更为细分和专业的渠道深耕。

概括起来,值得研究的新渠道有以下几类。

1. B2B 或 B2G 市场,即商业市场和政府采购市场。iiMedia Research(艾媒咨询)发布的《2019—2020 企业采购行业研究报告》显示,2019 年中国 B2B 市场交易规模达到 25.94 万亿元。相比竞争激烈的 C 端市场,B 端消费领域仍是一片蓝海市场。比如,2021 年美的将多元化、多赛道的 B 端业务重要性上升至全集团战略高度,以科技为中心,着手布局新能源及工业技术、楼宇科技、机器人与自动化以及数字化创新四大业务板块,着力提升 B 端业务占比。到 2023 年,其 B 端业务实现多点开花、销售"井喷",营收已接近 900 亿元,占总营收约四分之一:B 端业务中的新能源及工业技术板块收入达 279 亿元,同比增长 29%;机器人与自动化实现收入 311 亿元,同比增长 12%;智能建筑科技板块收入达 259 亿元，同比增长 14%。也就是说，To B 业务的战略布局有力支持了美的业绩继续增长。

至于 B2G 市场，虽然我国已从传统基建转向数字基建，但一年三四万亿元的市场规模还是令很多企业垂涎不已。况且中国正在力推国产替代，未来采购中国品牌将会成为潮流。虽然这类市场拥有价格低、收款难等劣势，但拥有品牌号召力的高端品牌有自己的议价权、信任度等优势。

2. 礼品市场。智研咨询的一份报告显示，近年来中国礼品行业飞速发展，2022 年中国礼品行业市场规模达 1.6362 万亿元，其中，家居礼品约占 23.00%，纺织用品礼品约占 21.20%，小家电礼品约占 1.25%，电子礼品约占 7.83%，工艺品礼品约占 5.02%，游戏玩具类礼品约占 5.42%，运动、娱乐用品礼品约占 2.63%，文具礼品约占 0.74%。难怪不少品牌将礼品市场作为一个重要渠道，小罐茶等则直接定位于这一市场。

3. 社群商业。尽管市场中有不少专门的中介或关键人，可以为企业带来收入，但这往往不构成特别的模式。比如，家居建材行业往往比较重视设计师资源，将之作为一种专门的"渠道"，但设计师的角色其实相当尴尬，因为他们收取这种返利或奖金常常以不公开的方式进行。对高端用户而言，他们原本花钱雇用了设计师为己服务，不会接受他在推荐采购的商品中嵌入的灰色环节。

  一种叫社群商业的模式正在国内悄然兴起。它集合了很多关键人脉资源，通过提供综合社群价值的方式将之连接在一起，在融合个性化需求的基础上，构成一种社群场域和巨大的附加价值。典型的就是肆拾玖坊，它由49位IT精英创立于2015年7月4日。肆拾玖坊以"坊式众筹＋生态布局＋社群经济"的新零售复合模式为支撑，致力于打造"新中产优生活"的生态模式。短短七八年间，就成立了上百家分公司，拥有数万个股东合伙人，成功开发和整合了联想IT系统上下游2万人的私域流量资源，2020年实现营收22亿元。肆拾玖坊以用户体验为核心，围绕"场景＋文化"，在人、货、场三个维度进行重构，深度发掘用户需求，引导用户体验，实现品牌与用户的全新链接，成为中国白酒行业的新物种和独角兽。

  社群本身就是产品、服务，更是绝佳的场景，是一群人的生活方式，是价值观的汇聚与共鸣。它充分尊重了每个人的个性需求，同时又融合出新产品、新服务、新模式和新文化。这无疑是高端品牌施展拳脚的上佳空间，也是创业成长的孵化器。

  4. 全球市场。尽管中国是世界难得一见的巨量市场，是高端品牌最佳的创业成长之地，但也面临激烈的市场竞争。

相比之下，全球市场更为辽阔，发达国家成熟的竞争格局呼唤新面孔。有雄心大略、全球视野和能力的企业家或创业者都想将品牌之旗插向全球各个角落。

自20世纪90年代末开始，中国企业就掀起了品牌出海的第一波浪潮。东南亚是中国品牌出海的第一站，因为它不但有地缘优势、文化相似优势，还有产业协同优势。因此，像TCL这样的企业开始在越南建设工厂，在当地市场耕耘。但也有像海尔这样的品牌锐意进军美国、日本等发达国家市场。不过，他们最初都是靠着价格优势"走出去"的。

时至今日，实现全球经营的中国品牌依然不多，性价比优势是其普遍采取的策略。国内企业普遍感受到中国市场高度"内卷"的现实，旺盛的产能迫切要求向海外市场"外溢"，正掀起新一股更大的全球化经营浪潮。不过，在华为、海尔等品牌的带动下，中国高端品牌在海外的表现日益惊艳，开始为欧美消费者所接受。比如，华为手机仅用了六年的时间就实现在全球高端手机市场的逆袭，甚至一度动摇苹果的霸主地位。比如，比亚迪、海尔在国内属于大众化品牌，但在欧洲，它们已跻身高端品牌阵营，所售产品的价格高于国内。

还有些新兴的企业，在诞生不久就展开全球经营，进展神速。如智能扫地机龙头石头科技，在国内企业普遍感受到寒冬的2023年实现营业收入约86.53亿元，同比增长30.55%，实现利润总额约23.25亿元，同比增长72.38%，原因就是"受益于海外消费需求快速增长"。2019—2022年，石头科技的海外市场收入分别为5.81亿元、18.68亿元、33.64亿元、34.83亿元，业务占比也从2019年的不到14%增长至2022年的52.54%，成为营收的主力区域。

或许，在老一代企业家看来，中国品牌的国际化道阻且长，困难重重，但在新一代创业者面前，品牌全球化是自然而然、必须踏上的道路。这一方面是企业家的背景、视野和能力的不同，另一方面也是全球化的基础设施日臻完善的结果。无论是延伸到全球的电商、物流、支付还是文化沟通、大规模人员往来，都对中国品牌全球化形成有利的态势。这里面，相比日益受到外国抵制的"麻雀"——走性价比路线的商品或品牌——的出海，高端品牌由于拥有可分享给更多外国合作伙伴的价值链更受到欢迎，因而也更容易获得成功。中国提供给世界的"命运共同体"肯定不是以廉价的商品倾销世界，而是以价值共赢的方式与世界共生。

## 品牌即口碑

高端品牌之所以是一种战略,是因为它是以品牌为依归,它的目标不是产品销售,而是品牌认知。这是一种迥异于现在很多企业的运行模式,它以用户而非产品为中心,它致力成就品牌而非仅仅销售商品,拥有用户只是它追求的第一步,它更在意用户对品牌的喜爱与忠诚。

它虽然不谈销售,但销售的思维贯穿整个用户旅程链。它的核心目的是"让销售成为多余"。比如,它致力于不断完善产品,满足消费者的需求;它通过细致入微而又超出期望的服务,让你发自内心地感动;它贴心地将场景和你的价值观结合,让你有种"深得吾心"的知音感和尖叫感;甚至,它邀请你一起参与设计、体验、交流、尊享,让你忍不住向朋友推荐,扩散口碑。

所有这一切,不是收割你的钱袋,利用你的人脉,而是满足你的需要,解决你的痛点,让你身心愉悦。高端品牌与用户之间,不是征服与被征服,而是欣赏与被欣赏,愉悦与被愉悦,成就与被成就的关系。当你将品牌运营到极致,顾客会主动找上门来。此时,销售将变得多余,店面和员工的存在只是提供相应的服务。

从这一点上看，品牌即销售。

同样的，品牌即产品，品牌即服务，品牌即运营管理，品牌即文化。高端品牌秉持的是以用户为中心的理念，为用户提供高品质的技术、产品和服务，同时为之提供更富精神意义的情感文化体验。在这里，销售即体验，整个品牌的运营过程，都是一个围绕消费者、持续面对"销售"的体验过程。

在高端品牌的修炼中，销售从来不是最后考虑的环节，也不是临门一脚或终端营销，而是"以终为始"的过程：一方面，从品牌修炼的第一步就瞄准用户的需求和痛点、使用场景和生活方式；另一方面，销售结束才是真正构建用户关系的开始。

如果你需要迫切考虑销售环节的问题，那么首先要反思一下，在关系到消费者利益点和价值点的环节上，还有哪些没有修炼到位？成功运作的高端品牌战略，销售工作只是基础工作，品牌增值才是真正运营的核心。就像修建一个水库，当你把品牌的大坝筑高，能汇聚多方江湖水源，就能带动更大的发电机持久发电。用户需求就摆在那里，只要你用心做好工作，以终为始，一定可以带来源源不断的销量。

因此，高端品牌的销售修炼绝非拉新促单，提升客单价，而是立足于关注用户持久的价值。（用户）不是因为购买才使用，而是因为（用户）需要（品牌方）才提供。

很多企业与房地产合作，但方太却将合作推至品牌的最高境界。方太集团董事长茅忠群在一次演讲中曾专门提及，在"新时代家庭幸福观"等一系列理念的引领下，为了助力一千万家庭提升幸福感，方太专门成立了幸福厨房工作室，调研了5000多户中国家庭的厨房，沉淀出了幸福厨房的理念和设计原则，设计出独有的幸福厨房评估模型，通过演讲分享的方式不断和头部地产商一起交流共创。

这些举措对方太与房地产的战略合作起到了重大作用。比如，成都某地产在项目初期倾向选用外资品牌，经过工作室和工程业务跟客户不断交流幸福厨房理念，最终厨房电器选择了方太，并配置了升降烟机、集成净洗中心等高端产品。再如，工作室还和某地产广东共享中心一起发布了幸福厨房1.0，并共创厨房模块。该厨房模块获得了住建部的认可，应用到"好房子"样板展示中。

慕思提出的"超级用户"概念，也是着眼于服务这一环节所带来的巨大"销售"作用。在当前流量成本越来越贵的背景下，对现有用户的深耕、服务到让其感动，越来越成为营销的一条主线。这一方面是成本考虑，发展一个新客户的成本是维护一个老客户成本的3～10倍；另一方面则是效果衡量，如前文所述，老用户满意可以带来70%的销售增量。

正所谓"金杯银杯都不如用户的口碑"，不管你的广告词多么华丽，不管你的牌子有多响亮，都不如一句实实在在的评价真实自然。因此，用户的口碑最具信服力，也是最佳的销售方式。但口碑不是买来的，不是强求来的，而是用户打心底里的高度认同。这方面只能通过两种方式获得：①让自己变得足够优秀，在眼光、精神、价值观、硬核科技、需求满足、品牌塑造等诸多方面能够引领人，激励人，感召人；②让自己的身段足够柔软，在服务、互动全流程中展露真诚、守信、利他、专业等，能够愉悦人、取信人、感动人。

圈层和口碑被视为卡萨帝品牌传播的两大支柱。它建立了与消费者双向互动的营销体系，关注并重构了高端消费者的体验与口碑营销，在完成品牌和消费者的双向传播后，再度形成消费者与消费者层面的裂变传播。

在此过程中，圈层成为品牌传播和产品营销裂变的有力工具。卡萨帝以品牌高溢价的标签、品牌艺术的品位，产品前卫的科技魅力，创造出各种体现国际高端品牌灵魂的社会生活话题，在全国跨界勾画出27个高端圈层，展开交互与发酵的品牌传播。卡萨帝很少请代言人，找的是用户体验官。公司团队主动对接各个地方的圈层，然后在平台上汇聚发酵效果，反复地锤炼，再去校验，一次又一次发酵，形成独特的天然发酵体系。

因此，品牌是最持久、最优厚的"变现"方式。我们的高端品牌修炼成功了，销售能"如虎添翼"，你还会为销售担忧吗？

### 问题与思考

1. 你公司当前的销售团队的组织架构和考核指标、优化方向是什么？

2. 设计你公司的渠道布局。

3. 设计你公司的经销商管理体系、制度明细和核心要点。

4. 设计专卖店连锁体系框架。

# 《尊品》杂志访谈

## 布道者姚吉庆：化剑为犁

姚吉庆很忙。

访谈过程经常被他的各种电话打断，这似乎亦是他双重身份的预示：既是职业 CEO，又在努力做一个布道者。

在这两种身份中的自由切换，组成了姚吉庆的"知行合一"。经营企业，得到经验教训，是作为布道者的积累。而写书、演讲、参加论坛、研学授课等的布道，又必然反哺到他以及其他人的企业经营。

这都源于一个 30 年前的初心：以我为镜，光耀后人。

姚吉庆现为慕思集团副董事长、总裁。从业多年来，始终处于中国品牌建设和市场的第一线。回首姚吉庆的过往履历,熠熠生辉:在华帝集团任总经理时,使华帝燃具连续5年保持中国销量第一;在奥克斯空调任总经理时,成功实现品牌战略转型和快速增长;在欧派家居集团任营销总裁时,4年内实现了欧派从中国橱柜第一品牌到中国家居第一品牌的飞跃……

2012年,姚吉庆离开欧派,出任慕思总裁。

加入慕思后,姚吉庆组织团队共同制定慕思的使命、愿景、价值观,明确了慕思的使命是"让人们睡得更好",愿景是"成为全球最受尊重的健康睡眠品牌的引领者"。接下来,通过一系列的组织变革、人才引进,建立多品牌运营矩阵,专注品牌高端化打造,创新专卖店连锁4S管理模式,建立了富有竞争力的营销体系。2014年,慕思启动了"筑梦全球计划",布局海外市场,截至目前,慕思专卖店已遍布全球14个国家及地区,全球专卖店数量达5700余家,成为高端健康睡眠第一品牌。2015年,慕思开始启动健康睡眠智能制造产业基地项目,用5年的时间,打造了全球领先的智能制造产业基地,成为中国高端化、智能化、绿色化发展,升级新质生产力的企业标杆,是唯一能跟国际高端睡眠品牌竞争的中国高端品牌。

2022年,慕思成功在深交所主板上市。此前的十年,姚吉庆功不可没。

在操盘众多行业领军品牌，推动不同行业品牌的飞跃式增长，并把他们提升到了新高度后，姚吉庆树立了中国职业经理人和品牌建设领域里"常青树"的形象。

曾被授予"中国十大品牌专家""中国品牌（行业）十大榜样人物"，同时还是中国传媒大学客座教授。

2014 年，姚吉庆推出品牌营销管理著作《赢家——第一品牌方法论》，被誉为"精准击中中国企业成就第一品牌的道与术"。十年后，姚吉庆联手段传敏再次推出《高端品牌方法论》，聚焦打造高端品牌的七项修炼。

高端品牌七项修炼，是姚吉庆的七把剑，但姚吉庆说，要化剑为犁。当然，这里的"犁"，是道，也就是内化于心外化于行。

《尊品》杂志对谈了这位一心为中国高端品牌建设献一份力的企业家。我们试图从一个时代与个人变迁的通路里，找到这份成果的来处、现状和未来。

**《尊品》**：人是风中之芦苇，浮在自己编织的意义之网上，写作这本书的初心给您编织了什么样的意义之网？

**姚吉庆**：我原本是在军工企业做技术的，是个技术宅男，学的是火箭发射专业。性格也是比较内秀的那种，沉浸在自己的技术研发世界里，很早去办公室，工作到半夜，第二天一早又去办公室的那种。

1994年，我来到了广东，进入民营企业。当年国有企业基本上是计划经济模式，主要是把产品做好，但到民企后不一样，完全要靠市场吃饭。我深深地认识到，在技术之外，营销和品牌对企业的价值，也就从一个技术男开始转型做营销，做品牌，做CEO，从此更加认识到品牌的力量，并产生了浓厚的兴趣。

1994年到今年正好30年。这30年中，我看到了改革开放让中国迅速地崛起，见证了整个制造业崛起，特别是中国品牌的崛起。中国制造业从前期的人口红利和成本优势，转向做品牌，特别是高端品牌。这个历程是时代的记录。作为亲历者，我想把这么多年做品牌的成功经验分享给更多人，赋能给后来者。我想表达的是：第一，品牌建设其实是一种通用知识，可以后天去学；第二，品牌建设也是一种实践，最重要的是从理论变为实践，变成具体可知的方法论。

所以"写"这本书其实也用了30年的时间，是从实践到理论，从理论到实践的过程。这本书特别讲究提炼和实用。希望读者们看之能学，学之有用，行之有效，这是我写作这本书的初心，也是寻找到的意义。

**《尊品》**：任正非先生也是从技术男转向品牌大师和管理

大师的，做技术出身的人对做品牌有什么样的优势？

**姚吉庆**：独特的优势是有技术思维，从而建立产品思维和以消费者体验为中心的品牌思维。

对于一个企业来说，最核心的工作是通过产品需求满足顾客需求。企业之所以能够发展，是因为能够发现和创造顾客价值，然后能够交付给顾客价值。而创造顾客价值最核心的环节是发现顾客的痛点，自然要寻求技术方面和功能方面的突破。比如不管是特斯拉还是比亚迪，都是在能源的使用方面取得了一定突破。这就是做品牌的原点，必须从产品的角度让消费者得到极佳的产品体验，然后围绕这个核心去展开思考，如何进行价值的转移和价值的交付。

如今品牌的趋势是智能化、个性化，品牌建设不再只是品牌的管理和传播，更重要的是技术层面的突破。比如在数字化的探索过程中，有很多的路径和不同的方案，到底选择哪一条路径和哪一种方案是正确的，需要科学决策。如果决策者对技术的底层逻辑不了解，没有技术思维，那就是"拍脑袋"；但如果是做技术出身的人，就会游刃有余。我认为在如今数字化和智能化的时代，品牌建设者不管是不是技术出身，作为操盘手都要具备相应的技术底蕴和素质。

**《尊品》**：从华帝到奥克斯，从欧派到慕思，您是实战派营销与管理专家，我们是否可以把这本书视作您多年成功经验的一个集大成总结？

**姚吉庆**：这的确是我的心血之作。

这么多年一路走来，我跨界跨了不少行业，从厨电行业到空调行业，到家居集团；也经历了不同岗位，从产品营销，后来又转型去做智能制造，做职业CEO操盘整个企业，可以说品牌建设的每一个阶段都经历了。有的是从0到1，有的是从1到10，有的是从10到100，处在建立品牌的不同发展阶段。

在此过程中，我深刻地认识到在企业发展的不同阶段，品牌动作的手法是不一样的。每个企业在不同发展阶段所遇到的问题是不同的，要解决的关键问题也不一样，而且不同行业有不同行业的属性和特点。所以，作一个品牌，绝对不是搞一个策划会，弄一个点子，找个代言人，然后大规模去打广告这么简单。通过这种模式，在20世纪90年代品牌野蛮生长的时候，有一部分企业是实现了一炮而红。但是你要保持持续的领先，持续做到第一品牌，所谓"一招鲜"远远不够。很多企业迅速崛起，又迅速失败，令人惋惜。

那么，它到底需要一个什么样的理论体系？结合我在企业的实际职业经历，我一直在思考、摸索这个问题。庆幸的是，这种跨界经历给了我另外一种视野，就是更高的一种视野，在这个行业之上看待产品、客户和企业。通过这30年反复地探索、实践和反思，总结出"七项全能"，也就是高端品牌七项修炼，我把它们都写进了这本书里，这是我的心血之作，也是我能够奉献给同行者、创业者和企业家们的礼物。

**《尊品》**：高端品牌在您的定义里，有哪些共性？

**姚吉庆**：品牌是时代的记录，也有穿越时代和人心的力量。高端品牌是追求高品质，追求精神，追求整个产品的设计，然后追求整个体系的高端化，包括产品的高端化、渠道的高端化，它最终都要触达到人。

我一直强调，品牌不仅要有功能价值、实用价值，还要有情绪价值。高端品牌可以用七项修炼方法做出来，但最后它还要有一种"感觉"。它会给人以梦想，有某种心灵上的慰藉，带来温度的传递。我常说，好的品牌与消费者的关系不是家人，也不是保姆，而是恋人关系，它代表一种平等但面向未来的关系，不断为它的"恋人"带来新的世界，让他不断发现自己的潜力，成就更好的自己。

**尊品**：有人说现在高端品牌建设也是一种玄学，从国外的定位理论到国内各种各样的咨询公司层出不穷，还有不同的门派，您如何评价他们？

**姚吉庆**：以前中国很多的品牌理念是源于国外的一些理论体系，很多东西其实是水土不服的。因为那些理论体系很多是基于世界500强企业的总结提炼，不太符合当时中国企业的现实。这就跟马克思主义来到中国一样，有一个中国化、本土化、中西交流融合和取长补短的过程，所以首先我认为这些探索都是非常有价值的。

西方理论体系中，我比较赞赏定位理论，而且也不断地在进行应用。定位首先解决的是消费者心智问题。消费者在选择的时候，他一定记不住那么多品牌，哪怕是最常喝的水，最常穿的衣服，他都是在两三个品牌里去选择一个，所以你必须进入他的二选一或者三选一。当然不只你这么打算，所有的品牌都会这么打算，这意味着最终会进入竞争的白热化，一定会聚焦到第一品牌。

定位理论强调的是一开始就要占据消费者的心智，在他们的评价系统里，你就是一个首选。但这只是打造高端品牌中的一个核心环节，不是全部。比如你还要有很强的产品力、营销力等，这就是我提炼出的七项修炼。需要注意的是，七项修炼中的每一项都很重要，它们是一个有机的整体，如果其中只有一项特别突出，品牌还是做不起来。用武功来比喻，它是七把剑，在市场越来越成熟、竞争越来越白热化、高手如云的情况下，你依靠其中的一把剑是不行的，要把这七把剑都练好，还要化剑为犁。当然，这里的"犁"是指从技法走向道法，从内到外打通各个重要环节，内化于心外化于行。

**《尊品》**：如今"国潮"来势汹涌，针对国货在高端领域的创牌，您有什么特别的建议？

**姚吉庆**：其实从本质上来说，还是要从七项修炼的角度去做。

首先，坚定做高端。作为国货品牌，现在它其实是个"K"型的市场，有两种路子，一种是走中低端，靠极致性价比，实际上这个更难做。你要有规模才能够有利润，只有规模大了，你的人工成本才能降下来，材料成本也能降下来，发展电商，流量成本也一样大幅度提升，所以，国货品牌还是要努力进军高端，首先要有坚定做高端品牌的信仰和信心。

事实上，现在很多品牌都是在往高端走，而且越做越高端。

接下来就是认准自己的客户目标，选好细分市场。因为你的产品不可能覆盖所有的人群，你只要打动一部分人群就可以了，每一个品牌都无法覆盖从小到老所有的人。每个人都是独立的个体，他们的喜好不一样，价值观不一样，他们的生活方式也不同，所以，要锁定目标人群。

其次，做好品牌定位。让你的目标人群在他的心智当中认可你的产品品类，最理想的自然就是你成为他的不二选择，当他想到某个品类的时候，想起的就是你的品牌。这就是要考虑产品的独特性，不管是功能独特，还是审美、体验独特，哪怕只是包装独特，都会为品牌加分。

最后也是最重要的，是把产品打造好。做到极致的产品体验，极致的服务体验，让客户用完以后爱不释手。同时做好服务。目前国货品牌也很卷，如果在技术上要领先别人，你在标准上也要领先别人，才能打开新局面。

我认为现在是做国货高端品牌一个非常好的机会。在消费者心目中，中国制造已经很不错了，希望我们的国货品牌有越来越高的品牌溢价——这会对打造国货高端品牌形成正向循环。

**《尊品》**：新质生产力也是当下一个热词，作为品牌专家，您如何理解？

**姚吉庆**：关于新质生产力，我认为它是高质量发展很重要的一个基石，是高质量发展的一个驱动力。它最大的特征就是"三高"：高科技、高效能和高品质。通过高端化、智能化和绿色化，来催生新的产业、新的动能、新的模式，新质生产力是通过技术创新、知识产权、数字化等因素对生产力的影响，带来产业升级和经济增长，这也是国家宏观层面的战略。

在微观层面，企业现在已经不是野蛮式增长，不是追求速度而是追求高质量增长。企业的高质量发展，最重要的是它的效能要高，也就是要有一个高质量发展的正向循环。企业通过技术的创新、管理的创新提高产品力，让产品有独特的价值，才能在市场里领先，以它的独特性吸引客户，才能有较高的价格，得到高利润。

有了高利润，反过来可以进一步加大对创新的投入，对技术的投入，对品牌的投入，大规模引进更优秀的人才，进一步提升品牌的影响力，我觉得这是非常重要的正向循环。这种循环不是一次，是螺旋循环上升，其中，有不断的迭代。这就是我对新质生产力的理解。

**《尊品》**：为什么这几年会出现很多昙花一现的网红品牌？虽然它们也抓住了年轻消费者，也宣称要做高端。

**姚吉庆**：这就是我特别要建议的一点，品牌不能只做线上。线上做起来，有可能昙花一现，流量成本一定是越来越高的。另外，网红品牌是一定会失去他们的年轻客户群的。为什么这么说？这涉及他们的消费场景。

最近我去一些线下商场逛了逛，发现人还是很多，人挤人。很多年轻人习惯网购，大部分时间宅在家里，但他们大部分终究要结婚生子，要带小孩，去商场、游乐场、旅游景点等很多线下场所，也会光顾很多的实体店。所以现在年轻群体的消费习惯也会发生变化，如果你的品牌有很强的产品力，又能做到极致体验，传播力非常强大，也会吸引年轻群体。年轻人买一件一二百元的衣服，可能在网上就随便买了，大不了穿两天不穿了，但如果买几万元的西服，他一定会到终端去试穿。对于高端品牌来说，线下就是很好的消费场景。

**《尊品》**：您的七项修炼，其实是围绕客户需求来展开的，但乔布斯也说过一句话，"客户懂什么？你把产品造出来，他们就有需求了"。

**姚吉庆**：乔布斯有他的独特性，就是乔布斯是无法复制的，是全世界独一无二的，特斯拉的马斯克可能也是。

乔布斯有一个能力是很值得我们学习的，即发现了消费者的潜在需求，这个需求也许消费者本人都没有意识到，或者表达出来，乔布斯敏锐地抓住了。这是他厉害的地方。

所以我认为乔布斯不是不研究消费者需求，他是了解到了消费者的潜在需求，他创造的产品能够让用户尖叫，完全超出了用户的期待，又符合用户的深层次需求。不仅能够洞察消费者需求，还能创造和引领消费需求，这是相当难的，需要更长时间的修炼。

**《尊品》**：传播策略也是打造高端品牌中特别重要的一环，在这一方面，您有什么心得和建议？

**姚吉庆**：在传播策略方面，首先了解目标消费群体的习惯很重要。不同的人，媒体的触达方式也是不一样的。比如年龄大一点的人和年轻人，接触媒体的习惯和品类肯定不一样；如果是职场人士，必然商务出行比较多。

我的建议是精准传播。过去那种用一个广告在各大电视台等媒体狂轰滥炸的时代过去了，取代的是用你的核心产品，在目标客户的核心区域，打通打透。过去是大众传播，现在我们称为"精众传播"，关键是聚焦。一是聚焦与你的目标客户高度重合的媒体；二是聚焦在这个前提下有价值的媒体。

做高端品牌，首先要找到这部分高端人群。现在有很多场景化的媒体。机场、高铁、酒店、高尔夫球场、高端楼盘等，在这些场景化的媒体上去传播，就是品牌和目标客户之间的"双向奔赴"。

其次，在这个前提下，选择更有价值的媒体，也就是内容更好的媒体。比如《尊品》，有机场和头等舱渠道，又专心做内容，每一篇内容都做得精致、前沿、有价值，这就很难得，所以在这本书出版的时刻，我也很高兴接受《尊品》的采访。

**《尊品》**：谢谢。我们继续努力。愿有梦想、有方法、持续精进的人都能够双向奔赴。

**姚吉庆**：感谢读者阅读本书。感谢《尊品》的专访。再会。

# 后记

本书是我们梳理的一套打造高端品牌的方法论。七项修炼是高端品牌成功的飞轮,一旦启动并持续运转,就会在竞争中越战越顺,愈发得心应手,与其他竞争对手拉开的差距也会越来越大。

如今,随着外部市场的竞争越来越激烈,企业面临租金、工资等成本不断攀升的局面。如果企业的盈利能力弱,将难以支撑组织的运作、人才培养,以及研发、营销、品牌建设等各方面的大规模投入。由此可见,低端市场的生存空间逐渐缩小,企业向高端化转型成为必然选择。

另外,国外品牌正在布局中国市场。中国的一些品牌正遭遇国外高端品牌和奢侈品品牌降维打击。我们可以看到,奢侈品品牌每年涨价已成惯例。尽管如此,购买的顾客仍络绎不绝,高昂的价格无法抵挡顾客的购买热情。不仅如此,奢侈品还热衷于各种跨界,如爱马仕推出的售价16.5万元的自行车，上线不久就卖断货，保时捷卖菜刀、法拉利卖风衣……尽管各种跨界营销看似"离谱"，但消费者仍愿意为此买单。

有人认为，高端品牌的市场份额小，且很难做起来。其实不然。中国打造高端品牌，正迎来最好的时机。特别是现在"90后""00后"成为了消费的主力军，他们"有钱花，愿意花钱"。中国的高速发展也为高端市场创造了良好环境，从高铁到地铁，各领域的建设蓬勃发展彰显出中国强大的综合实力。在"90后""00后"的认知中，我国的国力足够强，他们对国货有很高的接受度。

随着数智时代的来临，科技正成为中国高端品牌发展弯道超车的机会。我们可以看到，像华为、卡萨帝、慕思等国内高端品牌正在崛起。我们极有可能在几十年的时间里超越西方的标准、价格乃至技术。如果再进一步提升品牌形象，企业将面临更广阔的发展空间。

高端品牌企业高质量发展的一个核心在于品牌的运营与管理。高端品牌建设不是简单的传播问题，更不是简单地做一个策划、定位和产品，它需要系统的方法论。

当然，我们梳理出来的高端品牌七项修炼，也只是一个概论。具体到每一项修炼，都需要提升能力。无论是从华帝燃具到威莱音响，还是从欧派家居到慕思寝具，在这20多

# 后 记

年的职业生涯中,我带领品牌完成了从 0 到 1 或者从 1 到 n 的蝶变,也非常有幸见证了许多行业头部品牌的诞生,深知在品牌运作过程中,人力资源、机制、战略各个层面之间的操作与协同是不可或缺的。

我来到慕思有 12 年了,深知一个初创品牌成长为一个高端头部品牌并成功上市,至少需要经历 5 到 10 年时间的沉淀和积累。我十分乐意将这十余年所积累的经验和方法进行总结并分享。也许未来我们将看到更多高端品牌开始孵化。在孵化研学基地运营期间,播撒了上百个种子,不久的将来,我们也将会见证许多生根发芽成长的案例。

大国崛起需要大国品牌,更需要高端品牌。中国正处在高质量发展的关键时期,培育高端品牌是国家的战略目标之一。我相信,经过持续的迭代与优化,高端品牌方法论将逐步演变成更多企业选择的契合我国实际情况的策略。

中国的,就是世界的!

姚吉庆